霊　性　の　光

スワーミー・ブーテーシャーナンダ

日本ヴェーダーンタ協会

目次

出版者のことば

スワーミー・ブーテーシャーナンダはラーマクリシュナ僧団の副僧院長そして僧院長としての長い在職期間中、インド国内外の霊性の求道者たちからの熱心な要請に応えて各地で講話をしました。その講話は、霊的生活についての広い領域を話題とし、即興で行われましたが、すべて「人生を霊的なものにする」という一つのテーマに集中されていました。

スワーミー・ブーテーシャーナンダは霊性について熟考する生涯をおくり、また長いあいだシュリー・ラーマクリシュナの直弟子たちへの奉仕に献身してきました。さらに彼は聖典にも霊的生活の多様な面にも深い理解をもつという天分に恵まれていました。そのため彼の講話は、私たちが聖典の真理を把握し、また現代人の霊的生活に関するさまざまな疑問の解答を得るためにひじょうに役立つものであることがわかります。

本書において、霊的生活の多様で重要な側面が語られています。霊的生活は、最後には苦しみをもたらすような、世俗の一時的ではかない感覚の楽しみでは満たされず、深い叡智、平安、解放、神性を強く求めます。

人生の真のゴールは何であるべきか、どのようにしてそのゴールに到達するか。このような問題について、敬愛する作者は、率直でわかりやすく、論理的で奥深い表現を用いて説明しています。原著は英書〝Thoughts on Spiritual Life〟で、村椿笙子《しょうこ》氏によって日本語に訳されました。さらに出版費用についても、村椿氏と佐藤洋子氏に負担していただきました。発行者として深く感謝するものです。

本書が、スワーミー・ブーテーシャーナンダが深く愛した日本の信者の皆さんにとって、またこの国の多くの霊性の求道者にとって有益なものとなることを心から希望します。

二〇一八年三月

日本ヴェーダーンタ協会

第一章　まえがき

現代の世の中は、生活の快適さを得ることに関しては多様で大きな進歩をとげてきました。しかし楽しみの対象は、私たちが日常の暮らしの中で苦しむようなトラブルもともなってきます。結果として、そのような快適さを楽しんだあとでも、不安や不幸といった感覚がのこります。

洋の東西をとわず、また喜び悲しみの内容において質的にも量的にも差異があるにもかかわらず、現代人の状態はみなほとんど同じなのです。後進国でも先進国でも、富める国でも貧しい国でも……。そしていたるところにある問題があり、それが不幸を広げています。富裕な国では人びとはじゅうぶんな富と快適な生活を得ていますが、それでもかれらは幸せではありません。一方、インドでは、多くの人びとが貧困ライン以下にいます。かれらには最低限の生活必需品でさえ欠乏していて、食べるものも着るものも十分ではない、多くの人びとは住むところさえないという状態です。現在、インドがかかえる問題のほとんどは食物、衣服、住まい、教育、財源の不足などです。比較的裕福な人びとは、彼らの生活を安定させ堅固にさせている古代からの道徳感や哲学的なルーツに対する信仰を失っている例が多く見られます。そのような人びとに関する問題は、道徳的倫理的そして霊的な価値観の欠除です。

私たちがかかえるすべての問題の根源は何でしょうか。私たちが進むべき方向を見つけられないことに原因があります。世界中の人びと、とりわけ若い世代の人びとは自分の人生の目的が何であるかがわからないために、希望を失っています。明確な目的を失って、たくさんの若者が生活に適応できず、遠まわりな道をとり、反社会的な生き方をするのです。彼らは社会の中に居場所を見つけられず、また社会も彼らに調和のとれた生き方をしめすことができないでいます。各個人が生活の単位であり、社会はそのような個人によって構成されているのですから、各個人の中にあらわれる弊害は社会全体に影響し、不幸や苦しみは今や全世界におよんでいるのです。

では、私たちが努力すべき目標は何なのでしょうか。ひとつのことが理解されなければなりません。外に幸せを探し求めることはむなしいということです。幸福、平安、喜びそして完成はすべて私たちの内側にあるということです。すべての人間は自分の内に神聖な要素を持っています。それは自己あるいはアートマンと呼ばれるものです。スワーミー・ヴィヴェーカーナンダが「われわれの内には自由で完全なるものがある。それは肉体でもない、心でもない。肉体というはかないサヤを超え、それよりは精妙な心という覆いを超えて、自己『アートマン』永遠に完全で自由なるものがある」と言っているように、至福、永遠の平安、幸福や喜びは完全なる自由の中にのみあるのです。人間が自分の感覚にしばられているかぎり、彼は真の幸福を手に入れることはできません。人間は無知にしばられているのですから、人生の目標は無知からの解放であると言えるでしょう。スワーミージーが「すべての魂はほんらい神聖であり、そのゴールは内にある神性をあらわすことなのだ」と言っているように、内なる神性をあらわすことによって、真の平安と幸福を得ることができ、また苦しみから解放されることができるのです。これが、私たちが自分をそれに向かって進めるべきゴールです。本書において、この考えを検討してみることにしましょう。

第二章　人生における至高の目的の必要性

そこは広大な牧草地です。一頭の雌牛が放たれていて、よい草を食べています。しばらくは、牛は幸福で満足しているように見えます。しかしまもなく、他の牛の近くに生えている草が食べたくなります。そこにある草は、自分が今まで食べていたものほどよい草ではないのですが、うらやましくなったのです。その結果、この牛はよい草をわけもなしに失うことになります！　むだな努力とはこのようなものです。

私たちのエネルギーはあらゆる方面にむけて浪費されています。私たちは目的もなく、ただ生きています。それはちょうど、動物の生を生きているようなものです。動物は感覚の中に生きていて、瞬間ごとにその目的がかわります。私たちの努力は、ひとつの統合された人格をそだてることをおこたったために、失敗におわっています。そのような人格がやしなわれれば、私たちは人生に永続的な目的を持ち、それの成就のために自分の全エネルギーをかたむけるようになるでしょう。

「人格」とは、私たちの個性とその人生観のことです。それは、自分がどのように世界をながめているか、どのように世界に参加しようとしているか、世界でどのようにふるまうか、によってきまります。統合された人格とは、人生のあらゆる段階において、ある最高の理想を持ち、他のすべての二次的な理想をこの至高目標の下位に置くような人格のことです。

人格統合の必要性

すべての人格がつねに統合されているわけではありません。なぜなら、私たちがやしなう人格は、系統的に組み立てられたものではないのですから。私たちは自分が考えるようにふるまいます――自分の目的どおりに人生を生きます。過去をふりかえってみますと、子供時代には人生のはっきりした目的などは持っていなかったことに気づきます。あるときはあるものを追い求め、別のときにはちがうものを求める……そのように子供の心はいつもゆれています。それは気まぐれです。それはまだ、バランスのとれた人格を発達させてはいません。子供のころ、私たちは何を探し求めていたでしょうか。たぶん何か甘い食べものや年長者たちのほめ言葉でしょう。それがすべてでした。他の目的はありませんでした。しかし成長するにつれて、私たちの選択はかわっていき、欲望はかわっていき、それらの欲望を満たそうとする努力もまた、非常にかわっていきました。私たちは、食べ物やオモチャをほしがるような、子供の欲望だけでは満足しません。もっと持続的に自分とともにあるものを要求します。社会における地位をほしがり、目上からの評価を求め、目下の人たちからは尊敬されることを求め、グループの他の人たちからは抜きんでたいと思います。これが、ちょうど身体が成長するのと同じように、心の中でしだいに育っていく思いなのです。しかし、たとえこれらすべてをもってしても、私たちの人格はまだ統一されてはいませんし、私たちの希望はみたされてはいません。それは私たちが、ある至高目標を達成するために自分のエネルギーを集中しようとしていないからです。ある高い目的または高い人生の目標に到達することをめざして生きるのでなければ、人生は無価値なものになってしまいます。それら相互の関連性を理解しないで、さまざまな追求にときを浪費することになるのですから。若い頃にいわゆる成功をおさめた人が晩年にさしかかって、自分が人生の時間をむだに過ごしてしまったように感じることがあります。その理由は、当時彼が人生の目的だと思っていたものが、今はただの子供の遊びにすぎないことがわかったからです。それは、私たちが貴重な時間を意にまかせて浪費しつつあるということをしめしています。時間はつねに一方通行です。すぎたらかえってはきません。人生における子供時代は、つかのまのものです。その後大人としての時期がやってくる——そこで私たちは十分に成長して、さまざまな責任を自覚します。もしそれらの責任を引き受けなければ、またそれらの責任を果たそうとしなければ、私たちは価値のない人間とみなされ、社会に適応できないでしょう。それゆえ私たちは、自分が人生において何を成就したいともっともつよく望んでいるのか、はっきりと知らなければなりません。まずその確信を持つこと、そしてそれが正しく熟慮され、合理的な基盤にのせられたものであることが必要なのです。

唯一の目標をめざして人生を生きる人たちは、よく「偏執狂者」と言われます。偏執狂者は自分に対して絶対的な支配力を有するひとつの理想を抱いていて、普通の人びとのようなやり方で他人にふるまうことができません。彼らにとっては、他人とコミュニケートするためのトビラが閉ざされているのです。統合された人格はもちろんこのようなものではありません。偏執狂者は自分の理想に支配されているのですが、統合された人格は、みずからの熱心な努力によって理想を徐々に彼の人生に展開させる健全な個人です。統合された人格の場合には、彼が成長するにつれて思想はより明確な安定したものになります。そして彼は人生のある至高目標を終着点と考え、他のものはすべて彼にとっては二次的なものになります。

統合的人格を発展させる

では、どのようにして統合された人格をやしなえばよいのでしょうか。それはまさに探求です。まず第一に、人生を注意深く考えてみなければならないでしょう。さまざまの理想を検討して、それらの重要性を比較し、最後に関心の対象を定めなければなりません。すなわち、あるものはつかのまの興味の対象としてしか必要でありませんし、またあるものはそれよりももっと重要であって、その達成にむけてより多くのエネルギーをさかなければならない――そしてそれらすべてを超えて、人生におけるひとつの最高の探求があるべきなのです。その至高目標が何であるかということは、はじめのうちははっきりしないかもしれません。人生の至高目標というもののはっきりとした概念を持ってさえいないかもしれません。徐々に私たちは、至高の目標は何であるべきか、そして他のものはどのようにその目的の下位に置かれるべきであるか、ということをはっきりと理解するようになるでしょう。これはだれもがしなければならない、本当にだいじな決断です。最初から正しい決断ができるとはかぎりません。前にも述べたように、私たちの考えは変わるかもしれませんし、人生の究極の目的もいまはまだはっきりしていないかもしれません。しかし私たちは目標にむけてどのように進むかについて、何らかの考えは持っている必要があります。合理的であってしかも真の加護をもたらす要素であるべき最高の目標が、人生の中で着実に探求されなければなりません。理想のない人生は、かじを失った船のようなものです。かじは船が進む方向を定めます。それがなければ、船は流れにただようばかりで、けっして目的の場所にはつきません。もし私たちがある目標をめざすなら、それはむこうからやって来るということはけっしてあり得ません。私たちが自分で、そちらに向いて行かなければならないのです。これと同様に、人格もまた正しく養成されなければなりません——「時間を浪費せず、すべてのエネルギーを人生目標の達成のためにふり向けるべきだ」という決意をもって、人生のあらゆる瞬間を有益に、そして目的にむかって生きられるように……。はじめから至高目標に向けてエネルギーを集中できる人、そしてその結果、統合された人格を得られる人は本当に幸運です。しかし、私たちはいつもそのような幸運に恵まれているわけではありません。

人生の四つの理想

古代のインドでは、人生における四つの理想がはっきりと分けて語られていました。ダルマ、アルタ、カーマ、モクシャ――すなわち宗教的正義、快楽の対象、欲望、そしてすべての欲望からの解放の四つです。これらすべてがひとしく重要であるわけではなく、あるものはその他のものほど重要ではありません。古代の見解によると、ダルマは現世および来世において善徳を積むための手段です［1］。最終的に至高のさとりにみちびいてくれるのは、このダルマの道です。ダルマはまた、他者に対する、ともに生きる人びとに対する、私たちの義務をも意味します。人間であるかぎり、私たちは社会の中に存在し、他の人びととともに生きています。自分自身とその周囲の環境との間には何らかの関係――ともに生きる人びととのキズナがなければなりません。この世で孤立して生きることは不可能です。私たちの人生は周囲にいる人びとの人生とつねに結びついているので、彼らに対して特定の関係を持たなければなりません。人びとに対する態度はどうあるべきでしょうか。弱い人たちは保護されるべきですし、年長者はうやまわれるべきです。私たちの奉仕が必要な人たちには奉仕しなければなりません。他の人びとにおしみなく与えることができればできるほど、私たちはさらに統合された人格になることでしょう。利己的な考えから解放されればされるほど、統合された存在になることができます。利己主義こそが統合をさまたげる要因なのです。

アルタとカーマは、快楽の対象を追いもとめる人にとっての二つの目標です。貪欲《どんよく》な人、利己的な欲望（カーマ）に満ちた人は、自分の世界――十分な快楽を与えてくれる世界を求めるのです。人生の最終的な目標はモクシャです。それはあらゆる欲望、あらゆる無知、あらゆる束縛からの解放を意味します。

これらのさまざまな目標はしばしば私たちを当惑させます。またそれらは互いに衝突することもあります。そのような衝突のない人、人生の唯一最高の目標すなわち霊的さとりを慎重に選択して、他のすべての追求を二次的なものとしか見ない人は、最高目標に達することだけに努力をかたむけるでしょう。まさにこれこそが、自分の人格をよりよく活用するということなのです。

最高者への道

わが国の古代の賢者たちは、私たちの人生を四段階、四つの時期に分けました［2］。第一はブラフマチャーリヤ、すなわち禁欲の訓練の期間、自分の関心とエネルギーを目標達成に向けて活用できるように訓練する期間です。これは準備の期間です。この時期は、昔は二五歳ぐらいで完了しました。次の約二〇年間はガールハスティヤ、すなわち家住者として生きることにささげられました。一定の義務をともなう家長としての生活は、最終的には人を人生のもっと高い追求に向かわせるよう、いとなまれるべきです。第三の期間はヴァーナプラスタ、隠遁《いんとん》生活です。人がすべての活動から退き、隠遁の生活に入るべきときはかならずきます。そこでは彼は、人生のより高い価値、すなわち神のさとりや無知からの解放を追い求めることだけに専念するでしょう。このように、人は若い頃の低い追求から次第にはなれていくように、自分を訓練しなければならないのです。隠遁者の生き方は、家長としての生活とはまったく異なっています。隠遁者は自分を過去の習慣や環境からひき離し、独居して、内なる光明に達することを追求しなければなりません。最後にはサンニャーサがきます。究極的な放棄の段階です。この段階では永遠の平安、永遠の幸福、永遠の喜び、そしてもっと重要な永遠の知識と永遠の存在という普遍の原理に到達するために、あらゆるものが放棄されます。私たちはみな、不死でありたいと思います。ふつう私たちは、肉体は不死ではあり得ないということを考えようとしません。寿命をもっともっとのばそうとがんばっています。決して肉体存在のかぎられた喜びをあきらめしようとはしません。だからできるかぎり長生きしようとするのです。しかし、感覚の中で、肉体の中で永遠の生命を得ることは不可能です。さまざまの要素の集合体であるものはすべて、崩壊しなければならないのです。それはかならず、最期の時をむかえるでしょう。そこから逃れるすべはないのです。私たちは、永続的で終わりのないひとつの状態にたどりつかなければなりません。なぜなら、その状態にあることこそ、私たちが望んでいることとなのですから。つまり私たちは、肉体的なものではない種類の不死性しか持つことはできないのです。

それは不滅の内なる自己、私たちの真の人格の不死性・永遠性です。それは肉体に限定されず、感覚にしばられず、単に存在の一段階でもないものです。それは「存在」そのもの——サット・チット・アーナンダです。私たちは意識するしないにかかわらず、みなそれを追い求めているのです。しばしばその真の意味に気づいていない場合もありますが、私たちの生きる動機は実はそれなのです。それは人生の若い時期から持つべき目標です。開発の時期が早ければ早いほど、そして集中が強ければ強いほど、私たちの進歩は大きく、目ざすゴールは近くなるでしょう。究極の目標が、一時的なはかない感覚の対象にまさっているということが、理解されるはずです。

人生において、永遠の存在・知識・至福の状態というこの完全な統合をかちとるために、私たちは利己主義をのりこえなければなりません。利己主義は人生を崩壊させる主要因子だからです。

［1］『カナーダ』

［2］『ジャーバーロパニシャド』

第三章　霊的生活の目覚め

束縛された魂の性質

人間の性質の偉大な観察者であられたシュリー・ラーマクリシュナはおっしゃいます「ほとんどの人びとは世俗の快楽を追い求めている、その心はごく低い段階にしかいない」師は、束縛されている人びとの状態についてくわしく語られました。彼らは高い人生のことはすっかり忘れて、いつも忙しく、もっとも低い快楽に満足しているのです[1]。彼らは束縛の中に生まれ、束縛されて生き、束縛の中に死んでいきます。それよりよいことがあることにまったく気づいていません。自分たちをこの状態におかれたのは神である、自分たちにはこれを変えることはできない、と考えています。そして、しばしばこのように言います「おお、私たちは世俗の人間です！」この「世俗の人間」とはどういう意味でしょうか。だれが彼らを世俗の人間としているのでしょう。残念なことに、彼らはこんな不幸な状態から自分をひきあげてくれる聖人たちの教えに耳を傾けることをしないで、神をとがめているのです。そんな責任回避の傾向がごく一般的になっています。シュリー・ラーマクリシュナはこのような態度を一つの物語で説明しておられます。

あるとき、一人のブラーミンがすばらしい庭をつくりました。ところがある日、一頭の雌牛がこの庭にはいりこんで、草木をめちゃめちゃにしてしまいました。ブラーミンは激怒してこの牛に一撃を与えました。その一撃があまりに強烈だったので牛はころりと死んでしまいました。雌牛を殺した罪が、ブラーミンのところにやってきました。ブラーミンは、自分が殺したのではない、なぐったのは手であって、手はインドラの力で動くのだ[2]、と言いました。ブラーミンは罪に、インドラのところに行けと言いました。罪がインドラのところにくると、インドラはびっくりしました。事のしだいを知ると、インドラは年老いたブラーミンの姿をとって、例のブラーミンのところにあらわれ「こんなに美しい庭は見たことがない、だれがつくったのか」と言って、庭の美しさをほめはじめました。ブラーミンはこれを聞くとよろこんで「はい、私がつくったのでございます」と言いながら出てきました。そして姿を変えているインドラに、中に入ってもっとすばらしいものを見てくれるようにたのみました。ひとあしごとに新しいものが目に入り、インドラはくりかえし「これはすばらしい！　いったいだれがこれをつくったのか」とたずねました。ブラーミンはとくいになって、自分がつくったのだと答えます。やがて二人は死んだ牛が横たわっている場所にやってきました。いかにもぎょっとしたように、インドラは声をあげました「だれが牛を殺したのですか！」ブラーミンは自分のおろかさをさとり、黙ってしまいました[3]。これと同じように私たちは、よいことについては何でも自分のせいだと言い、自分のまちがった行いについては責任をのがれようとするのです。

シュリー・ラーマクリシュナがおっしゃるように、漁師は網をはって魚をとらえます。魚は自分で網に入ったのに、そこから逃れることができません。自分が入ってきた所から外に出ることができるのですが、それを見つけません。ぐるぐる泳ぎまわっているだけで、出口にはまったく気づかないのです。私たちもこれと同じ束縛を自分の上にもたらしています。カイコはマユをつむいで絹糸で自分をかこいます。そしてどうしてそこから出ればいいのかを知りません。自分のつくった獄舎の中にとらえられたままでいるのです。「汚物の中で満足しているウジ虫は、そこでは幸福なのだ。もしそれを米びつの中に入れてやったら死んでしまうだろう［4］」とシュリー・ラーマクリシュナはおっしゃいます。もし私たちが今の環境からつれ去られてもっとよい状態におかれたら、私たちは不幸に感じるでしょう。十分に慣れ親しんでいる汚物をさがすでしょう。これが世俗の人、束縛されている人の状態なのです。

内なる声

ギーターに「幾千の人びとの中にかろうじて、自由を求めて苦闘する、まれな一個の魂がある。また、その努力をする幾千人の中に、まれに一人が明知を得る［5］」と言われています。これはつねに真実です。だれもが知る一つの悲しい真実は、私たちが霊的な生活への衝動にかりたてられていない、という明らかな事実です。それは私たちが自分の内面を、また自分の周囲をよく見ればおのずからわかることです。私たちはよく、そうなるのはカリ・ユガに生をうけたからだと言います。しかし、この状態はまさに太古から、ヴェーダやウパニシャドの時代にさえ一般的なものだったのです。もし内部に霊性へのあこがれがあれば、自分はまだ目標に達してはいないということがわかりますから、おちつかない気持ちになるでしょう。しかし、私たちは霊性の自覚に対する飢餓感や渇望をまったくもたずに一生をすごすよう運命づけられているのです。さいわい、私たちだけがごくわずかの「運のつきた魂」なのではありません。仲間がたくさんいます。大多数の人びとはこのタイプであって、そうでない人は現代においては「変人」とよばれるタイプだと見られているのです。

私たちと同じようにふるまわない若干の恵まれた人びとがいて、その生き方は私たちを魅了します。それは、私たちの世俗的生活が、自分がさがしもとめている満足感、感覚の快楽から得たいと思っている満足感をあたえないからです。そのような快楽はすべて、たびたびくり返されるうちにたいくつで無味乾燥なものになります。それゆえ、快楽にいつまでもひきつけられていることは不可能なのです。また、あらゆる快楽の対象を持ってはいるが、身体が弱いとします。すると、快楽はいっそうの不満をよびおこすだけでしょう。ときには、心身ともに強く、あらゆる快楽の機会にもめぐまれているかもしれません。すると私たちは人間に可能な最高の快楽をたのしむことができるでしょう。しかしそれでも、このような楽しみが永遠につづくわけではないとか、自分もいつかはそれらすべてを残してこの世を去らなければならないとかいうことを思い出したら、その想像が私たちを幸せにするでしょうか。いや、しないでしょう。しかし、私たちは人生のそのような「暗い面」には目を向けないよう求められています。人びとは「悲観的になってはいけない、どんな機会であれ、与えられたものはもっともよく活用しなさい」と言うでしょう。これは年長者がしばしば私たちにあたえる助言です。自分の子供に何らかの霊的な傾向が見られると、親は「おお！　おまえは早熟すぎる。そんなことを思いわずらう必要はない。神への祈りや信仰のことを考えているのなら、まあ、いまはまだそんな事をするときではない、もっと先になってからにしたらよかろう。いまは自分の生活を楽しみなさい」と言います。私たちは年長者からこのような指示をうけます。それは彼らが自分たち自身の生涯を浪費してきたからです。そして年をとると生き方や考え方を変えることはむずかしくなります。こうして悪循環は続くのです。残念なことに、これが、私たちがしたがうことを求められている因習です。しかしこれにしたがっていても、ときどき私たちの内なる小さな声が、私たちの意識にささやきかけてきます「おろか者め！　おまえは何をしているのか。おまえの生涯のチャンスをのがそうとしているのだぞ！」

この内なる声はつねにささやきかけてくるので、私たちはそれにかき乱されないよう、他のことに熱中しようとつとめます。内なる声のそのささやきがこわいので、ひとりになったとき何もすることがないとゆううつ憂鬱になります。私たちは目の前のささやかな喜びや悲しみに満足して、人生のもっと大切な問題を忘れたままでいるのです。シュリー・ラーマクリシュナは、五〇歳になって、他にすることがないと言いながらカルタ遊びをしている男の話をしていらっしゃいます［6］。このように、私たちはあの内なる声に対して耳をふさごうと必死なのです。しかしその声はささやくのをやめません。これはあわれな人類への、神の最大の贈り物です。

希望の使者

「出口はないのか」この質問がしばしば出されます。私たちの心中には「私たちは永久に破滅にむかうと定められているのか！　この完全な呪縛の状態から、ぬけ出す道はないのか」という疑問がうまれます。シュリー・ラーマクリシュナやその他の明知を得た偉大な魂たちがきて、どうしたらこの束縛からのがれることができるかを、自らの生涯によってしめしてくださいます。このような光のきらめきはごくまれではありますが、これらがなかったなら、この世界はまったくの闇にとざされていたことでしょう。

シュリー・ラーマクリシュナは、きて、「眠れる」人びとをよびさまし、教えを伝えようとなさいました。師は、人びとが今生で人間に生まれたこのチャンスをのがしつつあるのだということを知らせるために、彼の生涯をかけてくださったのです。彼らにむかって、神のこと、霊的なことがらを一生懸命話してくださいました。そして、束縛を脱する道があるということを強調なさいました。

このような偉大な人びとは神の使者とよばれ、私たちが神にたやすく近づくことができるように、彼らをとおして神がご自身をおしめしになるのです。このような神人の導きによって、人びとは少しずつ目がさめるでしょうし、その中の何人かは生き方をかえるでしょう。イエスは「わたしは道である」とおっしゃいました[7]。これは、イエスはそれをとおって人びとが神にいたることのできる道であられた、ということを意味します。シュリー・ラーマクリシュナは、神人たちが言うこと、することはすべて他の人びとのためである、とおっしゃいました。彼らは眠っている魂たちが努力して内なる神性を自覚するよう、人びとをめざめさせようとします。これらの偉大な神人は、きて、私たちに光を見せ、どうしたら私たちが自分を救うことができるかをおしえます。彼らは肉体をもって生きている間だけでなく、肉体が解消したあともこの世界に一つの力としてのこり、人びとに自分の将来の目標、すなわち生命の最高の目的である内なる神性を気づかせるために働きつづけます。彼らは肉体として存在する間におこなった仕事をつづけるために、一団の働き手をあとにのこします。善の力はこうしてつづくのです。善悪両方の力の連続が、この世界を動かしているのです。

私たちの内に在る神性

神性は、私たちすべてに内在するものです。私たちは決して永遠に罪にさだめられているのではありません。霊は永遠に不滅なのですから。私たちの内なるこの炎は、けっして消えることはありません。それはつねにそこに燃えています。神性は私たちの生得の権利なのです、私たちがどんなにいつもそれを忘れてばかりいても。そのことはウパニシャドに次のように説明されています「あるけちん坊が自分の財宝をぜんぶ土に埋めた。相続人はその財宝の上を歩いたのだが、そこに宝があるとはまったく知らなかった[8]」これと同じように、私たちはすべての宝を持っているのですが、ただその上を歩いているだけで、それがそこにあることも知らず、さがし出そうともしないのです。

私はよく、ある宮殿にいる王子のたとえ話をします。王子は母親のひざの上にまもられて眠っているのに、自分が森の中をさまよってトラにねらわれている夢を見て泣きだします。母親が王子をゆさぶると夢が破られ、子供は自分が母親の腕に安全に抱かれていることに気づいてにっこりとします。必要なのは、夢をふりはらうことで、そのために私たちはときおり荒っぽい打撃を与えられるのです。それでも私たちは、睡眠は美しく安らかであると感じます。打撃や苦痛は私たちにとってはあたりまえのものになりました。しかし、めぐみぶかい主はあらあらしい打撃で私たちを目ざめさせる方法をごぞんじです。主は甘露を、そして雷をお持ちです。雷は私たちの夢を破るためのもの、甘露は私たちを不死にするためのものです。私たちは神から、自分がうけるにふさわしいものをうけるでしょう。私たちは悪い夢を見ているのですから、真理に、また私たちを待ちうけている輝かしい生命、すなわち霊なる生命に、めざめなければならないのです。それが私たちに必要なことです。それだから、神人たちが私たちのまっただ中にあらわれて、悪夢をおいはらうことができるよう、私たちをはげしくゆさぶらなければならないのです。私たちがたどり着くべき目的地と、それに至る道とをしめすために、かがり火をたきつづけていてくださるのは、これらの神人たちなのです。それが、霊的生命、また霊的な人びとがめざすところなのです。

多くの人びとの場合、真実の目ざめと言えるものはほとんどありません。真の目ざめは、私たちが神との交流なしには生きてゆけなくなったときに、はじめてやってきます。神が自分に不可欠なものとなるのです。それゆえ、真に霊的な人びとはごくわずかで、まれにしかいません。多くの人びとにとって、神は単なるご利益のほどこし手であって、人びとは自分のかぎりある能力では成就できないものごとを、神にたのむことによって成就しようとします。神ご自身が拝されるのではなく、神が与えてくださるものが拝されるのです。しかし、真に目ざめた人びとは、神なしでは生きることができません。魚は水のないところでは生きていけませんし、私たちは空気のないところでは生きていけません。それと同じように、生命は、私たちが持つ霊性という本質なしには生きられないのです。それを見いだすのは私たちの仕事であり、偉大な人びとが私たちを導くためにこの世にのこしておかれた足跡をたどるなら、私たちはほんとうにそれを得ることができるのです。

シュリー・ラーマクリシュナの呼び声

シュリー・ラーマクリシュナは私たちの針路をはっきりと述べておられます。師は「私は火をたいた。きてあたたまるのはあなた方の仕事だ。私は鋳型を作った。きてその中で自分を鋳造するのはあなた方の仕事だ。私は食べ物を調理した。きて皿の前にすわるのはあなた方の仕事である［9］」とおっしゃいます。すべては用意されて、そこにあります。欠けているのは、師が無限の慈悲から私たちのためにのこしてくださった偉大な宝の恩恵をうけようとする、私たちの熱意だけです。シュリー・ラーマクリシュナは、目標に向かって一歩一歩前進するにはどうすればよいかについて、くわしい教えをくださいました。師は明らかにすべきことを秘密にしたり神秘的に見せたりはなさいませんでした。すべてが昼の光のように明らかになりました。今や私たちは何をすべきかを知っています。たりないのは私たちの意志、道に沿って進もうという決意だけです。これ以上のばすわけには行きません。待てば待つほど、私たちは光の不在に苦しむでしょうから。ウパニシャドに「もし真理がさとられるなら、そのときにはじめて、それはあなたにとって実際にそこにあるだろう。もしそれがここでさとられないなら、それは大きな損失だ」と述べられています［10］。

ウパニシャドに述べられているように、スレヤス（快）とプレヤス（至福）という二つのものがあります［11］。つまり、神は私たちの前に現世の楽しみの対象（スレヤス）を置き、そしてまた、感覚の楽しみとそれの束縛のこの生活から私たちを解放する真理（プレヤス）をお置きになります。えらぶのは私たちの仕事です。ほとんどの人びとが選択をあやまっています。私たちはとるにたりない現世の喜びのために自分の魂を売りわたして、ついには苦しむようになります。また私たちがしたいとさえ思えば、この束縛と苦しみからぬけだせるということも確かです。ただそれには、感覚的な魅力によって私たちの大部分を圧倒している現世の快楽の吸引力や束縛を、たち切る強い決意が必要です。いったん神の光を自分の心の中に持ちこむことができれば、屈従や苦しみの闇は消えてしまうでしょう。

シュリー・ラーマクリシュナは、一〇〇〇年暗やみにとざされていた部屋も、マッチを一本すれば、たちまち明るくなる、とおっしゃいます〔12〕。ですから、幾千年つづいた無知も、私たちが「知識のマッチ」をすったその瞬間に消えるでしょう。そのとき私たちは最高の明知を得ます、しかも明知は私たちの生得の権利なのです。

シュリー・ラーマクリシュナはよく「さあおいで！　みなどこにいるのか。私はあなたがたを待っているのだよ」とお呼びになったものです〔13〕。師はドッキネッショル寺院のクティ（寺院の持ち主や客が泊まった建物）の屋上に立ち、このように呼びかけられたのでした。そのお声は今もひびいています。そのうったえは今もつづいています。師は、今も呼んでいらっしゃるのです。それに耳をかたむけなければ、私たちは破滅します。呼び声は永遠につづくでしょう。そしてそれをきき、行って彼の御足のもとに身を投じる人びとが何人かはいるでしょう。シュリー・ラーマクリシュナは、現代の世界全体に神聖な生命に至る道を教えようと、もっとも霊的な地インドに化身なさいました。師の呼び声はつづいており、その呼び声の恩恵をうけるか否かは私たちにかかっています。

さあ、無知による悪夢が破られるよう、この妄想や悲しみから解放され、目ざめて、主のみもとへと進めるよう、祈ろうではありませんか。

[1]『ラーマクリシュナの福音』協会訳、二〇一四年、三一、三四一、四〇三、四六〇、六三四、七〇〇頁他。
[2] ヴェーダーンタによると、身体の各部分は特定の神によって支配されている。Dharmarāja Adhvarāndra, Vedānta Paribhāsā.
[3] "Tales and Parables of Sri Ramakrishna" (Madras: Sri Ramakrishna Math, 1990) pp. 66-67.
[4]『ラーマクリシュナの福音』協会訳、二〇一四年、一〇六頁。
[5]『バガヴァッド・ギーター』七・三。
[6]『ラーマクリシュナの福音』協会訳、二〇一四年、一〇五頁。
[7]『聖書、ヨハネ』一四・六。
[8]『チャンドキヤ・ウパニシャド』八・三・二。
[9]『ラーマクリシュナの生涯上巻』協会訳、一九九九年（以下同様）、九六頁。
[10]『ケナ・ウパニシャド』一・一三。
[11]『カタ・ウパニシャド』一・二・二。
[12]『ラーマクリシュナの福音』協会訳、二〇一四年、二七一頁。

〔13〕同、九〇一頁、一〇二五頁、一〇八一頁。

第四章　シュリー・ラーマクリシュナの理想

アヴァターラ（神の化身）の意味

シュリー・クリシュナはアルジュナに、黒いくだもののような房がたれさがっている一本の木を指しておたずねになりました「あれは何か」アルジュナは、それらは黒いちごのように見える、と言いました。シュリー・クリシュナは「よく見てごらん。今度は何が見えるか」アルジュナは「クリシュナ……幾百ものクリシュナがあの木にぶらさがっています。黒いちごの実のように」と答えました。その木は明らかに究極の実在、すなわちブラフマンであり、くだもののように見えるのは、アヴァターラ（神の化身）たちでした。

スワーミー・ヴィヴェーカーナンダは、シュリー・ラーマクリシュナを比類のない存在であられる、と言っています。師は神の化身とよばれていらっしゃいます。シュリー・ラーマクリシュナは神の化身である、とはどういう意味でしょうか。シュリー・ラーマクリシュナご自身が、スワーミージーに向かってこう言っておられるのです「ラーマとして生まれ、またクリシュナとして生まれた彼が、いま、シュリー・ラーマクリシュナとしてこの世に生を受けているのだ」そして、こうつけ加えられました「これは、おまえたちのヴェーダーンタ的な観点から言っているのではないよ[1]」ヴェーダーンタの最高の理念によれば、あらゆる人は実は人としてあらわれているブラフマンなのです。

アヴァターラ（神の化身）の理想

バーガヴァタは、神の化身は無数であると言っています[2]。時は永遠であり、神は永遠を通じて、人類を滅亡から救うためにくりかえしみずからを化身なさるからです。アヴァターラの人間との関係はどういうものなのでしょうか。シュリー・クリシュナは「正義がおとろえ、不正がはびこるときはいつでも、私はみずからを化身としてあらわす[3]」と言っておられます。ここでいう私とは何でしょうか。ヴァースデーヴァとデーヴァキの息子として生まれたクリシュナのことでしょうか。明らかにそうではありません。シュリー・クリシュナはこうも言っています「この不滅のヨーガを、私はヴィヴァスワーン（太陽神）に教えた。そのおなじ古代のヨーガを、あなたは今日、私から教えられたのである」「私はこの世界の父である[4]」等々。では、この「私」とはだれのことでしょうか。アルジュナの友人として生まれたクリシュナでないことは確かです。それは、かの偉大なる原理、すなわちそこから世界があらわれ、究極的にはその中に世界がとけこむところの偉大なる原理と同一の存在であるクリシュナでした。シュリー・クリシュナが「彼自身」のうちにしめすのは、かの偉大なる原理であり、またそれは、ラーマクリシュナともよばれる同一の究極原理なのである、ということを忘れてはなりません。ですから私たちは彼を評価することはできないのです。彼は測定できない究極原理であり、無限という性質をそなえているのですから。

スワーミー・ヴィヴェーカーナンダは「このヴィヴェーカーナンダがしたことを理解するには、もうひとりのヴィヴェーカーナンダが必要だ[5]」と言っています。彼がこのような調子で話すとき、またさらに彼が自分の師のことを、ひとにぎりのチリから幾十万のヴィヴェーカーナンダを生み出すことができるグルである、と話すとき、シュリー・ラーマクリシュナの評価はどういうものになり得るのでしょうか。私たちには想像もできません。私たちは大なり小なり、ダイヤモンドを鑑定するナス売りのようなものです[6]。霊的生活の中では、自分の高さに応じた判断しかできません。この点では、私たちは何ととるに足りないものでしょう！　シュリー・ラーマクリシュナを判定することは不可能であり、そんなことを試みるのはおろかなことです。それは無鉄砲よりもさらに悪いことでしょう。しかしそれでも、私たちには、自分の前に理想をすえて彼について行くことができるように、何らかの観念が必要です。だれでもが自分の理想については自分なりの観念をもっており、また個人の理想はその人のものであって、かならずしも万人の理想とはなりえないということは、覚えておかなければなりません。理想は人によってさまざまです。神が化身されるとき、彼はこれらさまざまの理想のすべてを満足させてくださいます。彼はご自身のうちにこれらさまざまの理想と、そしてはるかにそれ以上のものを含んでおられます。それがまさにシュリー・ラーマクリシュナなのであって、私たちは師をそのように理解すべきです。ただ私たちの場合には、自分が人生においてそれを理想としてついて行くことができるよう、師についてのある一つの価値判断を持つことは必要です。

手本による教え

シュリー・ラーマクリシュナの生涯には、超自然的なことがたくさんあります。しかしまったく自然なこと、それによって他のあらゆる人を理解するのと同じように師を理解できることもたくさんあります。スワーミー・サーラダーナンダは、「ラーマクリシュナの生涯」という彼の「聖者伝」、すなわちシュリー・ラーマクリシュナの生涯の解説書のなかで、私たちの立場からはシュリー・ラーマクリシュナをどのように見ることができるか、をしめそうと試みています。すなわち、彼はシュリー・ラーマクリシュナをさまざまな角度、特に完全なる人間という角度から評価しています。「生涯」には、この完全性は最初から師のうちにあらわれていたのではなかった、と述べられています［7］。この完全性のあらわれは、段階を追っておこりました。もし師が最初から完全であられたなら、私たちはほとんど彼の来臨の恩恵に浴することはできなかったでしょう。師はきて、ご自身を段階的に開示されたのでした——私たちも同じようにして、内なる神性を少しずつあらわそうと努力することができるように。だからこそ師の生涯は私たちに霊感をよびおこし、私たちを導いてくださるのです。師は灯台の明かりのように、あらゆる人間が一歩また一歩とすすんで、理想にたどり着くことができる方法をしめしてくださいます。そのために、神の化身は存在されるのです。化身の生涯は、この人間とよばれる小さな被造物が、どのようにして、最後にはその無限の本性をあらわすことができるかを、人類にしめすためのものです。

ウパニシャドにはこう書かれています「人間は、一本の髪の毛の先端の一〇〇分の一の、そのまた断片にすぎない。しかしまた人間は、無限大になる可能性も持っている［8］」この小さなひとかけらが、無限大になれるのです！　私たちが卑小なのは、私たちが自分はこの有限の肉体だ、と思っているからです。ひとたび自分の本性を理解するなら、私たちは無辺際に無限になります。これがシュリー・ラーマクリシュナの教えの核心です。これが、アヴァターラがご自身の生涯のなかで実証することによって、私たちの前にしめしてくださる真理なのです。もしそうでなかったなら、神はヴァースデーヴァとデーヴァキのいる獄舎でなさったように、ご自分を明らかにあらわして、私は生まれた、ということもおできになったのです。あそこでは神は彼らの前に、四本の手を持ち、神聖なかがやきに満ちた姿であら出現なさいました。彼は「これは私が、あなた方がわが子として持ちたいと欲しているその存在であることを、あなたがたに知らせるためである」と言われました。母親はそのとき、もし彼がこの姿のままでいたら、暴君カンサがそれを知って彼を殺すであろうから、どうぞ普通の子供になってくださいと嘆願しました。母親を満足させるために、シュリー・クリシュナはそのとき普通の子供になりました［9］。この「普通の子供になる」ということが、アヴァタラナ、すなわち神が人間として降臨するということなのです。化身であっても、子供は大人に成長し、老い、やがては衰え死ななければなりません。肉体とその成長、また最後には衰え死ぬということは、あらゆる死すべきものと同様、化身の生涯におけるもろもろのすがたです。また、不屈の霊、それの展開、および偉大なる神というその究極の顕現も、この生涯のもう一つのすがたです。私たちが「シュリー・ラーマクリシュナは神の化身である」と言うとき、それは師がご自身のうちに完全な神性をもっておいでになる、ということを意味します。師は人間の姿をとってあらわれたイーシュワラ（最高神）です。師の全生涯は、私たちの前にあって、それ自体を少しずつ、肉体的にまた霊的に開示しているのです。師が霊的にも発展なさったとされるのは、それが私たちのために必要だからなのです。師はとてつもない霊的修行を積まれ、そしてこういわれました「私はたいへん多くのことをした。あなたがたはそんなにしなくてもよい。その一部分だけをやりなさい。一六分の一で充分だ［10］」この一六分の一でさえ、どれほどのことになるのか私たちは想像もつきません！

偉大なる実験者

世界の宗教史上において、シュリー・ラーマクリシュナがなさったような方法で霊的実験をおこなった師を見いだすことはできません。ヒンドゥイズムの諸聖典の中に、またおそらく他の諸宗教の聖典の中にも、偉大な普遍性の表現は見ることができます。古代のヴェーダは宣言しています「真理は一つ、聖者たちはそれをさまざまの名で呼ぶ〔11〕」神の化身や預言者たちは同じようなことを述べてきました。しかしこれらの大師たちの中のだれかが実際にさまざまの道を実践し、それらの道の各々を通じて最終的には同一の目標に達した、という歴史上の記録はありません。私たちの知るかぎり、シュリー・ラーマクリシュナだけがそれをなさいました。このことが師の生涯を独特のものにしているのです。師が説かれた普遍性は、単なるひろい心またはひろい哲学的見解の表現ではなく、深い実験的な内容を持っていました。それは、師がご自身の実践を通じて得られたもっとも貴重な経験です。霊性のさまざまな道について師がおはなしになるとき、それらはすべて、師ご自身の経験にもとづくものだったのです。師はあらゆる道を尊重し、どの道をもけっして批判はなさいませんでした。

無私の人

これほどの方でありながら、シュリー・ラーマクリシュナはエゴイズムの痕跡さえ、持ってはおられませんでした。よくみずからおっしゃったように、師はつねに、母なる神の手中のお道具にすぎない存在であることを、望まれたのです。シュリー・ラーマクリシュナはけっして、ご自身のことを考えられませんでした。ご自分は神のお道具にすぎないもの、と考えておられました。よく「わたしの内には母以外には何もない」と言われたものです。母とは宇宙の母のことです。このように、師はいつも神との完全なる一体感のうちに生きておられました。シュリー・ラーマクリシュナは彼のエゴを消し去られ、そのために、神の御手がそれによってはたらくことができる、もっともふさわしい道具になることがおできになった——これがまさに神の化身すなわちアヴァターラとよばれるものなのです［12］。アヴァターラとは、神と完全に一体になっている人のことです。このことは、その人が自分を個人として存在させる限定をうしならほど純粋、無私であるときにはじめて可能です。彼は、人類に新たな生命をもたらすために一個人の肉体を通じてはたらく、神ご自身になられるのです。シュリー・ラーマクリシュナは「ラーマクリシュナの福音」の編者であるマヘンドラナート・グプタに「私はどれほどのエゴを持っているか」とおたずねになったことがあります。マヘンドラナートは「師は世の幸せのために、わずかばかりのエゴを持っておいでになります」と答えました。シュリー・ラーマクリシュナは「私がそれを維持してきたわけではない。母なる神ご自身が、それをわたしの中にのこしておかれたのだ［13］」と言って、マヘンドラナートの言葉を訂正なさいました。シュリー・ラーマクリシュナを通じて世に与えられた理想は、そのようなものなのです。

シュリー・ラーマクリシュナ——万人の理想

シュリー・ラーマクリシュナの生涯から、私たちはどのようにして霊的に成長すべきであるか、ということをしめす充分な教えを見いだすことができるでしょう。師の全生涯は終始一貫して、人類の救済のためにささげられたました。シュリー・ラーマクリシュナご自身、波乱にみちた彼の生涯のあらゆるできごとは、人びとがしたがうべき手本をしめすためのものである、と言っておられます。ですから、師の生涯のたとえ一つのできごとも、無益なものとみなすことはできません。あらゆることがらが、他の人びとへの教えなのです。

たとえば、シュリー・ラーマクリシュナはときどき、ご自分の結婚についての話をユーモラスにとり上げられました。よく、彼が結婚なさった理由について話されました。人びとにはその理由がわからなかったのです。師には妻は不要でした。それなのに、なぜ結婚なさったのでしょうか。師は、各人がさまざまの清めの儀式をおこなわなければならないのであって、結婚もそのひとつだとおっしゃいました。しかし師ははじめから清らかであられたのですから、これはほんとうの説明にはならないでしょう。

「ラーマクリシュナの生涯」の著者は、シュリー・ラーマクリシュナはこのような手本を、人類の前にしめしておられたのだと記しています。それは、人は結婚生活の中でもどのように完全に純潔であり得るか、またどのように神に没入したままでいられるか、という実例を人びとの前にしめすためのものなのです[14]。著者は、シュリー・ラーマクリシュナは僧と在家の両方にとっての理想であると言っています。シュリー・ラーマクリシュナをサンニャーシン（出家者）とみなすのは容易です。その生涯のまさにはじめから、シュリー・ラーマクリシュナはご自身の放棄の精神を汚すようなことは何もなさいませんでした。しかし、師は在家の家長にとっての理想でもあり得るのでしょうか。

シュリー・ラーマクリシュナは、家長としての責任をのがれることは決してなさいませんでした。第一に、師は母君へのつとめを、彼女の最期の瞬間にいたるまでまっとうされました。母君が肉体を去られるときにも、シュリー・ラーマクリシュナは彼女のそばで神の御名《みな》をとなえておられました。彼はサンニャーシンでもあられたので、遺体の火葬やその後の儀式にはもちろん参加なさいませんでした。ここでもまた、サンニャーシンの理想をお忘れにならなかったのです。第二に、師はご自分の奥様への責任をおろそかになさいませんでした。シュリー・サーラダー・デーヴィーが師のもとに来られたとき、彼女の健康状態はよくありませんでした。シュリー・ラーマクリシュナは治療のためにすべての手はずを整え、彼女を同室において同じベッドで眠り、看病をなさいました。在家の人の生き方の実によい手本です。どれほど神に酔っていても、家長には自分の家族、妻子に対する義務があるのです。ドッキネッショル寺院でシュリー・ラーマクリシュナのもとにいたプラタープ・ハズラーは、自分は家族に執着していないと言って郷里の母親や妻子を見にいこうとしませんでした。シュリー・ラーマクリシュナは彼をしかり、郷里に帰って家族の世話をするようお命じになりました。スワーミー・ヴィヴェーカーナンダ、当時のナレーンドラナートは、ハズラーは家族のもとへ帰りたくないのだから、シュリー・ラーマクリシュナがそれを強制なさる理由はない、と言ってハズラーを弁護しました。シュリー・ラーマクリシュナは「おまえは知らないのだよ。母親や妻子がひもじい思いをしているというのに、あいつはここで瞑想やジャパをしているのだ！」と答えられました。シュリー・ラーマクリシュナはけっしてこのような考えを好まれませんでした。それは、人が神意識に没入することに反対なさった、ということではありません。師ご自身がそうでした——始終、神のうちに没入しておられたのです。師の真意は、普通は自分の家族に対する義務をおろそかにしてはならない、というものでした。しかし、人が神を求めて狂気した場合は別です。その狂気は必要なのです。師はよく、狂った人に彼のすることとやしないことに対する責任を負わせることはできない、とおっしゃいました。完全に自分を忘れるほど神に酔っている家長にとっては、家族へのそのような責任は自然に脱落するのです。

シュリー・ラーマクリシュナの崇高な教え

シュリー・ラーマクリシュナは、放棄がなければ何ひとつ成就することはできない、とおっしゃいます。師はこの点についてはいかなる妥協もなさいませんでした。私たちは自分が誠実でないときに妥協します。シュリー・ラーマクリシュナは、正直でなければ、身と心が、おこないと言葉が一致しているのでなければ、なにごとも成就することはできない、とおっしゃいます。人はつねに誠実でなければなりません。ホーリー・マザーはあるとき、シュリー・ラーマクリシュナの最高の教えは諸宗教の調和である、とよく言われますが、と指摘なさって、そしてこうおっしゃいました「しかし私は、放棄が彼の生涯のもっとも大切なお教えだ、と感じます［15］」放棄は、サンニャーシンであれ、家住者であれ、あらゆる人のためのものです。サンニャーシンは内面的にも外面的にも放棄をすべきです。しかし家住者は内面の放棄をすればいいのです。彼らは、他の人びとと同じように世間の中で生活できるのですが、心のうちは完全に放棄の精神に満ちていて、執着心の束縛は受けていないでしょう。シュリー・ラーマクリシュナは「これは私があなたがたに話している真理だ。ほんとうに、私は神以外にはなにも知らない［16］」とおっしゃいます。それが師の生涯のもっとも重要な要素なのです。私たちはつねにこの真実——神が私たちの人生でもっとも重要な要素である、ということに気づいていなければなりません。他のことは二次的なものです。他のものごとは、私たちが自分は肉体であると感じるとき、肉体にしばられ、肉体と自己を同一視するときにだけ、重要になるのです。シュリー・ラーマクリシュナによれば、神が人生のなかでただ一つ重要なものです。これが、シュリー・ラーマクリシュナの主要な教えなのです。「私たちはいろいろなことにいそがしく、仕事に気をとられて神を思うひまがありません」と言われて、シュリー・ラーマクリシュナは「あなたがたはいったい、神を思う努力をしたことがあるのか」とおたずねになりますす。私たちの大部分にとって、答えは、「いいえ、ありません！」です。

シュリー・ラーマクリシュナは例をひいて説明なさいます。私たちが歯の痛みに苦しんでいるとしましょう。私たちはいろいろなことをしますが、心はたえず歯の痛みに向かいます[17]。神からはなれていることを、その歯痛のようにたえず私たちに痛みをもたらすものにしましょう。神から離れていることは苦痛です。その苦痛は歯痛の一〇〇倍、いや一〇〇〇倍も強烈であるべきです。そうなれば、私たちがどんなたぐいのサンサーラ（輪廻《りんね》する世界）のなかにいようとも、なにものも私たちをしばることはできません——私たちの心はつねに神のうちにあることでしょう。ドジョウは泥の中に住んでいますが、泥によって汚れることはありません。これと同じように、私たちの心が神のうちにあれば、どこでどのように生活するかは問題ではないのです。私たちの心はたえず彼に集中し、なにものも私たちを汚すことはできません。水の中にいらっしゃい、しかしそこに住む水鳥のようでいなさい。水が水鳥をずぶぬれにすることはありません。羽を振るだけで水は払いのけられるのです。シュリー・ラーマクリシュナは私たちがそのように生きることを望まれるのです[18]。家住者であろうと僧であろうと、この真理はすべての人に等しくあてはまります。家住者は家族から逃げる必要はありません。彼はつねに神を思うように努めるべきです。神を思いつつ、世俗のつとめを果たさなければなりません。このように生きれば、神と世間が衝突することはないでしょう。ついに、彼がその神に酔った状態に完全に没入するなら、その人が何をしようとも、それはすべて人びとの利益のためになされるのです。彼の家族もこの恩恵から除外されることはありません。それが、神に酔った人の生活のあるべきすがたなのです。

信仰の必要

シュリー・ラーマクリシュナはおっしゃいます「神の御名をとなえ、彼の栄光をうたい、信心深い仲間をもて。ときどき神に身をささげた人びとや聖者たちをおとずれよ。昼も夜も俗事――世間の義務や責任にまきこまれているなら、心は神を思うことができない。ときどき一人になって神を思うことがもっとも必要である［19］」こうして人はみずからを束縛から解き放つことができるのです。

シュリー・ラーマクリシュナの生涯と教えの中にはどこにも悲観的な考えはありません。師は、ジャパを非常に多くおこないながら自分を「パーピー、パーピー」と呼んで罪人視している人たちについて「この人たちは神を信じていない。人は、『何。私は神の御名をとなえた。それなのに罪が私にくっつくことができるのか。どうして私が罪びとなどになれよう。どうして私が縛られることなどありえよう』と言うことができるほどの、燃えるような信仰を持っていなければならない。神の御名をとなえれば、身も心も何もかもが浄化されるのだ［20］」とおっしゃいました。このような信仰が必要です。シュリー・ラーマクリシュナは信仰をたいへん強調なさいます。同時に師は、人を神以外のものにみちびくようなたぐいの盲信は誰にもすすめてはおられません。ある盲目の人が天国に行きたいと思いました「雌牛のしっぽにすがりつけ、そうすればヴァイクンタつまり神の住居に連れていってもらえるよ」と言う者がありました。彼は雌牛のしっぽを握り、雌牛は走り出しました。いばらやしげみの中を引きずり回され、彼は全身傷だらけになりました。血を流しながらも彼は、自分はヴァイクンタつまり天国に向かっていると思いこんでいたのです。シュリー・ラーマクリシュナは、このたぐいの盲信は信仰とはかけはなれたものだ、とおっしゃっています。

ある特定の道を最後まで厳しく守り通すためには、とてつもない信仰が必要です。私たちは目標に対する不屈の信仰をもたなくてはなりません。しかし、他の人びとが信じているさまざまの道にも等しく敬意を払うことができるなら、それはさらによいことです。シュリー・ラーマクリシュナは、彼自身の経験にもとづく、すべての道の調和という真理を受けいれよ、と私たちにはお求めになりませんでした。むしろ、私たちには、他の道についてと同様に自分自身の道について実践を続けよと求められました。そして、これらの道の価値を正しく評価できる立場にいたる前に、道の優劣を論じてはならぬ、とお教えになりました。シュリー・ラーマクリシュナの教えを信じることができるなら、異なった道をすすむ人たちを、私たちと同じ目的地をめざす道づれとみなすことができるのです。シュリー・ラーマクリシュナのこのメッセージは、社会的な憎悪や摩擦に満ちたこの時代にあっては特に、最高の重要性をもっています。

霊的体験の必要性

シュリー・ラーマクリシュナは「神の御名をとなえ神に向かって前進するとき、人は徐々に自分の内にある神性を開示する。これをするのでなければ目標に達するみこみはない」とおっしゃいます。師は、霊性の修行をする者はときおり、自分がどのくらい進歩したかをみずから判定すべきだ、とおっしゃいます。たとえば、稲を脱穀するときも、ときおり稲をとり上げてどのくらい脱穀できたかを確かめます。そのように人はみずからを判定するべきです。もし進歩していなければ、すべての努力はむだです。方向を誤ったに違いありません。神の体験は死後の生にとってのものではない、それは、今、ここ、においてのものでなければならない――これがシュリー・ラーマクリシュナのしめされる理想です。師はこれを例を引いて説明なさいます。どろぼうがある家におし入りました。彼は壁のすぐむこうに巨大な金塊があることを知ります。彼はゆっくり居眠りでもしはじめるでしょうか、それとも金塊を手に入れるために、壁を打ちこわそうとするでしょうか。人はこのように、いてもたってもいられない、というふうにならなくてはなりません。神をしんけんに求める人は、自分の現在の状況に完全に不満足であるべきです。彼または彼女は、壁をこわして、神の体験を得るためにあらゆる努力をしなければなりません。これこそが必要なのです。シュリー・ラーマクリシュナは、私たちがただ「神の御名をとなえていれば、そのうち少しずつ神をさとることができるだろう」などと言っているのではなく、あの霊のいのちに目覚めることを欲しておられるのです。シュリー・ラーマクリシュナはこの「漸進的なさとり」には絶対に我慢がおできになりませんでした。それはちょうど、自分の田に水を引こうとしている男のようなものでしょう。田に水を引かなければならないとすれば、水路はまさに今日掘らなければなりません。明日ではだめです。これはシュリー・ラーマクリシュナがくりかえし強調なさることです。師は若い弟子であるニランジャンにこうおっしゃいました「ニランジャン、おおニランジャン！　おまえはわからないのか。人生は短く、過ぎ去りつつあるのだよ。いつ神をさとる気かね」シュリー・ラーマクリシュナはそのようなもどかしさを人びとの内にふきこみたいと思われたのでした。私たちは神のさとりを、やがてやってくるものとして待っているようではいけません。それは私たちの人生になくてはならない第一のことなのです。ほかはすべて二次的なものです。

〔1〕『スワミ・ヴィヴェーカーナンダの生涯〔＊当時の題名〕――東西の直弟子たちによる』協会訳、不滅の言葉第一一巻第七号、三三頁。
〔2〕『バーガヴァタム』一・三・二六。
〔3〕『バガヴァッド・ギーター』四・七。
〔4〕同、四・一。

[5]『スワミ・ヴィヴェーカーナンダの生涯――東西の直弟子たちによる』協会訳、不滅の言葉第一九巻第一号、一九頁。
[6]『ラーマクリシュナの福音』協会訳、二〇一四年、八一〇頁。
[7]『ラーマクリシュナの生涯上巻』一一四頁。
[8]『シュヴェーターシュヴァタラ・ウパニシャド』五・九。
[9]『バーガヴァタム』一〇・三。
[10]『ラーマクリシュナの生涯上巻』九六頁。
[11]『リグ・ヴェーダ』一・一六四・四六。
[12]『ラーマクリシュナの福音』協会訳、二〇一四年、一〇三七頁。
[13]同、五〇二頁。
[14]『ラーマクリシュナの生涯上巻』五〇六頁。
[15]"Teaching of Sri Sarada Devi the Holy Mother", (Madras, 1989) p. 136.
[16]『ラーマクリシュナの福音』協会訳、二〇一四年、五〇二頁。
[17]同、六二二頁。
[18]同、四六三頁。
[19]同、八頁。

〔20〕『ラーマクリシュナの福音』協会訳、二〇一四年、七四頁。

第五章　ホーリー・マザー、シュリー・サーラダー・デーヴィーの理想

シヴァとシャクティ

私たちが神々や女神について語るときにはいつも、これこれの女神はこれこれの神のシャクティ（エネルギーまたはパワー）である、というふうに言います。しかしそれはシャクティ——女性的側面と、シヴァ——男性的側面が、二つの別々の存在であるということではありません。エネルギーとエネルギーの保持者という概念はタントラやバーガヴァタのなかに見られます。非二元論者たちはシャクティとその保持者——ブラフマンとを分けて考えません。彼らによれば、究極の実在は非二元（advaya）であり、それゆえにすべての区別は排除されます。しかし、ヴェーダーンタではシャクティが認められており、それをマーヤーまたはムラヴィディヤと呼んでいます。それはブラフマンの真の性質をおおい隠し、非実在であるこの宇宙の創造（adhyasa）をひきおこす力です。「インドラはマーヤーの力によって、さまざまな姿をとる［1］」とヴェーダには述べられています。バーガヴァタとタントラは、神が宇宙を創造・維持・破壊する、まさにその力がバーガヴァタ・シャクティであるという説をとります。シュリー・ラーマクリシュナはシヴァとシャクティを同一の存在

と見なして「……ギャーニたちは、創造・維持・破壊という行為、宇宙それ自身、およびそこに住むすべての生きものは、シャクティすなわち神の力のあらわれである、と言う。もし、それを推理しつくすなら、これらのすべてが夢のような幻影的なものだ、ということをお前たちはさとるだろう。ブラフマンだけが実在で、他のすべては非実在である。このシャクティそのものさえ夢のような、実質のないものである。しかし、たとえお前たちが生涯推理をしても、サマーディに定住するのでなければ、シャクティの支配を超えることはできない。……このようにブラフマンとシャクティは同一のものである。もしその一つを認めるなら、あとの一つも認めなければならない。それは火と、その燃える力のようなものである［2］」とおっしゃいました。

ホーリー・マザー、シュリー・サーラダー・デーヴィーとシュリー・ラーマクリシュナは、二つの異なる人格ではなく、同一の存在です。シュリー・ラーマクリシュナはシーターのヴィジョンをごらんになって、シーターがラーマであることとラーマヤ・ジーヴィターつまり彼女の全生命にラーマがしみわたっているとお感じになりました「私はヴィジョンのなかでシーターを見た。彼女の心のすべてはラーマに集中されていた。彼女はあらゆるものに——自分の手、足、衣服にも宝石にも——まったく無関心だった。生命のすみずみまでがラーマで満たされていて、ラーマなしには彼女は生きていられないだろうと思われた［3］」と言っておられます。まさにそのように、私たちのホーリー・マザーもラーマクリシュナマヤジーヴィター——その生命が完全にラーマクリシュナに満たされている者――でした。スワーミー・アベダーナンダはホーリー・マザーのことをつぎのように述べています「みずからの人生を完全にシュリー・ラーマクリシュナにささげつくした方、彼女の喜びはシュリー・ラーマクリシュナの御名を聞くこと、彼女の人生は彼の思想と理想に完全に溶けこんでいる[4]」ホーリー・マザーの心はシュリー・ラーマクリシュナの思想で満たされていました。内面的には、彼女はまさにシュリー・ラーマクリシュナそのものであられたのです。

あらゆる人を身内として

深い霊性の英知をそなえた飾り気のない純真さがホーリー・マザーの特徴でした。そしてその知恵を日常生活に適用するという特技をもっておられました。また、至高の霊性の理想に献身しつつ、いかにして家庭のなかに生きるか――それこそが人生を有意義にするのですが――をご自分の生き方を通して人びとに教え、お導きになりました。

マザーには他人は存在しませんでした。あらゆる人を、その価値に関係なく彼女の身内とお思いになりました。人に愛情をそそぐとき、その人の価値をけっして考慮なさいませんでした。その母性的愛情はすべての人にそそがれました。このことについてはひとつの例をあげるだけで十分でしょう。アムジャドという名前のイスラーム教徒がいました。彼は盗賊の一員として知られていました。その彼がホーリー・マザーに強く引きつけられ、小さな贈り物をもって、たびたび彼女を訪問するようになりました。人びとはアムジャドを嫌いましたが、マザーはよく「私はアムジャドとシャラトをまったく区別しません」とおっしゃいました。シャラトとはスワーミー・サーラダーナンダの出家前の名前で、彼はホーリー・マザーとその親族たちの身のまわりすべての世話をしていました。ホーリー・マザーに仕えるスワーミー・サーラダーナンダの献身ぶりは「シャラトだから私の重荷をささえることができるのです」という彼女の言葉からよくわかります。それに加えてスワーミー・サーラダーナンダはラーマクリシュナ僧院とラーマクリシュナミッションの事務長を兼任しており、またホーリー・マザーと、つねに彼女によりかかっているおおぜいの家族の生活にもいつも心を配っていました。それなのにホーリー・マザーは「シャラトとアムジャドは私の愛情をおなじように受ける価値があります」とおっしゃったのです。すべての者を自分の子供と見る彼女の心の広さは、はかりしれません！

彼女の教え方

「あなたが心の平安を望むなら、他者の欠点を見てはなりません。あなた自身の欠点を見なさい。だれも他人ではありません。あらゆる人があなたの身内です[5]」これはホーリー・マザーが人生の最後に信者たちへおのこしになった教えです。心の平安を望む人びとへのご指導です。彼女は、教師としてではなく、愛深き母親として、人びとを霊的にお助けになりました。スワーミー・アベダーナンダはホーリー・マザーをたたえる詩のなかで、つぎのように述べています「あなたは愛というひもで私たちの心をおしばりになります。あなたは私たちのあやまちを清めてくださいます。そして、こんな欠点だらけの私たちを無限のお慈悲で導き、清らかにしてくださいます。なんというすばらしいお方［6］」。ホーリー・マザーはあらゆる者を愛情によってしばり、愛情を通して人びとを改心させられました。私たちの欠点のすべてを徳に変えようとなさいました。しかるのではなく、愛情によって変革をもたらそうとなさったのでした。マザーは人びとを愛し、人びとはマザーを愛慕するだけで、人を変える彼女の影響力には気づきませんでした。人の人生を愛によって変え、霊性を高めること、それが彼女のやり方でした。

だれかが自分にわからないことを質問すると、彼女は、「私は単純な女です。私になにがわかるでしょう」とお答えになったものです。しかしながら、このそぼくな女性は、彼女が教えているという印象をだれにも与えなかったけれど、偉大な教師だったのです。

シュリー・ラーマクリシュナの霊性の伴侶

シュリー・サーラダー・デーヴィーは「世界を霊的に導く」というシュリー・ラーマクリシュナの偉大な使命における伴侶であり、じつに活動的なパートナーでした。シュリー・ラーマクリシュナは神の母性を樹立するためにこの世に出現なさいました。彼は女性のからだをお持ちでなかったので、ホーリー・マザーが彼女ご自身の自己を通して、神の母性をあらわすという偉大な役割を演じられたのです。このような独特の方法で世界の霊性の福利に全面的に献身した夫婦は、世界の宗教のなかにもそう多くは見られないでしょう。

はじめのうち、ホーリー・マザーはとても控えめでした。しかしシュリー・ラーマクリシュナは彼女に母としての役割をはたすことをお望みになりました。彼は彼女を神聖な母神として礼拝なさり、それが生来の彼女の母性を目覚めさせたのです。彼女のなかに眠っていた母性が働きだし、ことにシュリー・ラーマクリシュナの没後には大きな役割を果たされました。シュリー・ラーマクリシュナのご指示によってスワーミー・ヨーガーナンダにイニシエイションをお与えになったとき、はじめ彼女はためらわれました。人びとが彼女のことを「なんということだ、彼女は弟子をつくりはじめたぞ！」などと言って批判するだろうとお思いになったのです。しかし三日つづけてシュリー・ラーマクリシュナのヴィジョンがあらわれて、とうとう彼女はイニシエイションを与える決心をなさいました[7]。それが彼女の霊的な奉仕のはじまりでした。以後、おおぜいの信者たちが霊的な生活の指導をもとめて彼女のもとを訪れ、彼女は積極的に人びとをお助けになりました。そのような状況になってからも、彼女はけっしてグルのようにふるまうことはなく、素朴ないなかの一女性としてお暮らしになりました。しかし、その素朴さのうしろに隠された深い英知は注目にあたいします。シュリー・ラーマクリシュナは彼女に偉大な霊的英知を遺産としておのこしになりました。それは霊性の再生のために人類に奉仕するという遺産でした。彼女はかた時たりともその神聖な義務の遂行をおこたることはありませんでした。彼女の全人生は人びとを霊的に助けることにささげられ、すべての人をご自身の子供と見て、だれも気づかないうちに、その霊性を高め、勇気づけられました。ホーリー・マザーの輝かしい生涯は、人が家庭のなかにあって、いかに執着をはなれ、神に献身できるかをしめすすばらしい例でした。

守護聖母

「あなたが母である私を忘れないかぎり、なにも恐れることはありません。困ったときにはいつでも『私には母がいる』と自分に言い聞かせなさい」とシュリー・サーラダー・デーヴィーはたびたびおっしゃったものでした［8］。母という言葉は単にシュリー・サーラダー・デーヴィーの身体的なお姿を意味しているのではありません。それは彼女の存在を通してあらわれた神聖な母なる力、という不死の実在をも意味しているのです。ただし彼女は、シュリー・ラーマクリシュナがひんぱんにサマーディに入られたように、ご自身の神聖な力を外面的にあらわすことはなさいませんでした。ホーリー・マザーはご自分の卓越した霊性をけっして外にお見せにならなかったと伝えられています。たえまなく神意識に没入しておられたのですが、人びとの目からはご自分を隠しておられました。この点において、シュリー・ラーマクリシュナは異なります。彼はしばしばサマーディに没入なさいました。彼はカーリー女神に、「母《マー》よ、どうぞ私を無意識にしないでください。私はまわりのみんなと話をしたいのです」とお願いしなければなりませんでした[9]。しかしホーリー・マザーはサマーディに入るという喜びをつねに自制しておられました。彼女はいつも子供たちの健康と幸福に心をくだいておられたのです。

マザーはシュリー・ラーマクリシュナの従順な妻でありつづけられましたが、子供たち[一]のことでは、こんなこともありました。ある日シュリー・ラーマクリシュナは、彼女が少年たちに食事をたくさん与えすぎるから、彼らが長く寝すぎて霊性の修行を十分にすることができない、とおっしゃいました。マザーは、ほんの少し食べすぎただけなのに、むちゃなことをおっしゃらないでください、と抗議なさいました。彼らの霊的な福利を彼女は長い目で見ようとなさったのです。シュリー・ラーマクリシュナは彼女がそのような気持ちになるのを待っておられたのでした。

ヴェールに隠されて

ラーマクリシュナ僧団の僧たちは、はじめ、マザーを公衆の面前から隠しておこうとしていました。その当時、シュリー・サーラダー・デーヴィーはあまり多くの人びとには知られていませんでした。彼女はとても恥ずかしがりやで、親しい信者たちでさえ容易に近づくことはできませんでした。全身をヴェールでおおってすわり、その前に信者たちはひれ伏していたのです。それが彼女の性質でした。写真も公開されず、信者でさえホーリー・マザーのお写真を手に入れるのは困難でした。しかしホーリー・マザー生誕百年祭のあとで――私はそれをこのように見ているのですが――彼女みずからヴェールをお脱ぎになったのです。いまや、彼女はスポットライトのなかへ入っておいでになりました。わが国だけでなく外国においても、彼女は人びとのハートのなかに入っていかれました。ご存命中もスワーミージーの西洋の多くの弟子たちは彼女を神聖な人格として尊敬しました。シスター・ニヴェディタもホーリー・マザーについて美しい言葉をのこしています。ホーリー・マザーはひと言も英語をごぞんじでなかったのですが、マザーとニヴェディタのあいだには、すばらしい愛情のこもった交流がありました。シスター・ニヴェディタは少しずつベンガル語をおぼえました。しかし二人のあいだには言葉は必要ありませんでした。シスター・ニヴェディタはマザーを聖母マリアご自身だと思っていました。

スワーミー・ヴィヴェーカーナンダはもっとも偉大なヒンドゥイズムの支持者でした。彼はヴェーダーンタの思想を広めるために西洋へ行こうと思い立ちましたが、それをためらう気持ちもありました。ホーリー・マザーからのお言葉がなければ行くまいと思っていました。海を越えて遠い外国へ行くよう手招きしておられるシュリー・ラーマクリシュナのヴィジョンを見たあとでさえ、スワーミージーはマザーからの祝福を待ちました。最終的にマザーの同意と祝福があたえられてから、彼は西洋へいく決心をしたのです。一八九四年、スワーミージーはスワーミー・シヴァーナンダ宛てにアメリカから手紙を書いています「君たちはマザーの存在のすばらしい重要性をまだ理解していない。……だれもわかっていない。だが君たちもしだいに理解するようになるだろう。シャクティなしに世界の再生はありえない。マザーはそのすばらしいシャクティをインドによみがえらせるために、お生まれになったのだ。私にとってマザーの恩寵《おんちょう》は、父のそれよりも一〇〇万倍も価値がある[10]」

私たちがマザーの偉大さに十分に気づいたかどうか、私には分かりません。しかし、彼女の素朴さ、やさしさ、無執着で完全に神に帰依した生き方を理解することはできます。彼女は、家従者がどのようにし家族とともに暮らしながら神を思い続けて生きるかという、お手本として生きられました。それが、私たちが彼女の生涯と教えから学ぶことのできる偉大なメッセージです。

ホーリー・マザーの恩寵によって、この世に暮らしながら神のなかに生きるためのひけつを、私たちが習得できますように。

[1]『ブラダラーニヤカ・ウパニシャド』二・五・一九。
[2]『ラーマクリシュナの福音』協会訳、二〇一四年、六九頁。
[3] 同、三一六頁。

［4］'Sri Sarada Devi Stotram' "The Complete Works of Swami Abhedananda" (Calcutta: Ramakrishna Vedanta Math, 1968) vol.7, p.372.

［5］Swami Gambhirananda "Holy Mother Sri Sarada Devi" (Madras: Sri Ramakrishna Math, 1986) p.519.

［6］'Sri Sarada Devi Stotram', vol.7, p.372.

［7］"Holy Mother Sri Sarada Devi" p.143-144.

［8］"Teachings of Sri Sarada Devi the Holy Mother" (Madras: Sri Ramakrishna Math, 1989) p.163-164.

［9］『ラーマクリシュナの福音』協会訳、二〇一四年、一八八、三四六頁。

［10］"Letters of Swami Vivekananda" (Calcutta: Advaita Ashrama,1989) p.182.

［一］ラーマクリシュナの弟子たちのこと。

第六章　スワーミー・ヴィヴェーカーナンダの理想

スワーミージーの人格

シュリー・ラーマクリシュナがインドの大地に出現なさったとき、一群の若者たちがきて彼の足もとに身をささげました。シュリー・ラーマクリシュナは彼らを、ご自身が世界にのこそうとしておられる偉大な霊的遺産のつたえ手として、受けいれられました。そのときに立った巨大な波の波がしらに、スワーミー・ヴィヴェーカーナンダ、シュリー・ラーマクリシュナの霊の息子はいたのです。

スワーミー・ヴィヴェーカーナンダは偉大な人格であり、世界の文化をゆたかにするために、さまざまな形で貢献しました。彼の功績は、人生のほとんどすべての面におよんでいます。彼は特に、人類の霊的復活に関心を持ちました。彼の霊性の概念は、生命のどの特定の面に限定されたものでもなく、全人格を抱擁しています。

スワーミー・ヴィヴェーカーナンダはインドに生まれました。彼をわが国の人とよぶことを、私たちはほこりに思います。彼は、インドを愛し、インドが過去の栄光をとりもどすだけでなく、すぎた日々のそれをこえるほどの優秀性をとりもどすよう、助けることにつとめた愛国の聖者と見られています。しかしながら、彼の奉仕はインドに対してだけにとどまったのではありませんでした。彼は、自分がインドに生まれたのは現実のことだから、母国への忠誠は当然なことであると言いました。しかし彼の魂は、かぎられた一地域にとじこめられたままでいるにはあまりに偉大でした。彼は世界全体に貢献する人だったのです〔1〕。

彼がまだわかく、師の足もとで学びつつあったときにすでに、シュリー・ラーマクリシュナは「ナレーンドラナートは世界を導くだろう」とおっしゃっていました。だれも、そのおことばの意味を理解はしませんでした。それは早すぎたからです。ナレーンドラは、当時はただカルカッタ・ボーイたちの一人としか見られておらず、だれもこの若者のうちにそのような偉大さがかくされているとは考えることもできなかったのでした。しかしシュリー・ラーマクリシュナは、偉大な予言者的眼力を持っておられました。彼は、いとしいナレーンドラナートのいのちの中にかくされている偉大さをごぞんじでした。シュリー・ラーマクリシュナは彼のナレンを、彼の逝去の後すぐにおこるであろう偉大な運動の指導者として、若者たちの中から特にえらんでおられたのでした。師の没後ナレーンドラナートは、師が彼にさせようとしておられる偉大な仕事のために自分の生涯をささげようと、かたく決意しました。彼のハートは実にひろく、彼は自分が霊的に卓越したいとか、解脱したいと考えたことはありませんでした。彼は「世界の最後の一人がさとるまで自分は解脱したいとは思わない」と言いました！

スワーミージーは非常に短命でした。四〇年に満たない生涯だったのですが、その間にインドのためだけでなく、全世界のために偉大な貢献をしました。私たちは少しずつそれを、理解しようとつとめているにすぎません。私たちはまだ、彼の栄光のふちにたどりついたばかりです。どのように、彼の教えが世界の状態を徐々に改善して、そこを平安で意義ある生活の場とするであろうか、まだ十分には理解していないのです。世界の地平線にスワーミージーという光りかがやく存在があらわれたことの真の意義は、将来あきらかになるでしょう。

学生、スワーミー・ヴィヴェーカーナンダ

若いころ、スワーミージーは熱心な探求者でした。彼は自分をとりまくいっさいのものを知りたいと思いました。彼はあらゆるものを理解しようとし、この探求の精神はときどき彼の評判をおとしました。人びとは、尊大に見えるこの若者をあまりこの好まなかったのです。シュリー・ラーマクリシュナだけが、彼の弟子をこれほどせんさくずきにする精神を理解なさいました。スワーミージーは知識への情熱的な探求心を持っていたのです。シュリー・ラーマクリシュナご自身がこの弟子からは、さまざまな問題についてくりかえし質問をうけられました。シュリー・ラーマクリシュナはそれをいやがることなく「あらゆることを真理としてうけいれる前には納得するまでテストし

て判定せよ」と言って彼をはげまされました。

シュリー・ラーマクリシュナは、スワーミージーを教えるにあたってあまりくわしい説明まではなさいませんでした。彼は、この愛する弟子の内には無限の知識がすべてたくわえられている、ということを知っておられたのでした。彼の持つ可能性と、彼が将来はたすべき偉大な役割とを自覚させれば、それで十分だとお思いになっていました。それでも、シュリー・ラーマクリシュナはヴィヴェーカーナンダに、さまざまのきびしい霊性の修行をおさせになりました。そのことに関しては容赦をなさいませんでした。彼はこの弟子が、ご自分がこの世にのこそうとしている偉大な教えをつたえるに十分ふさわしい人となることを、のぞんでおられたのでした。

シュリー・ラーマクリシュナがこの世に生きておられた間は、この弟子はグルから学びつづけました。そして彼は、師が彼にひきうけよと命じられた偉大な仕事のために、自分の生命をささげようとかたく決意しました。彼は兄弟弟子たちにも団結しようという情熱をふきこみ、こうして直接の霊的経験という堅固な地盤の上に基礎をおいて、一つの偉大な組織をつくったのでした。

教師、スワーミー・ヴィヴェーカーナンダ

一般的に、教えるということは、人びとがさまざまのものの知識を得るのを助けることであり、知識の内容は無数にあると考えられています。しかし、スワーミー・ヴィヴェーカーナンダが信じ

た教育は、あらゆる魂は潜在的に完全である、というものでした。スワーミージーは教育を、人の中にすでにある完全さをあらわすことだ、と定義しました［2］。すべての人は完全です。しかし人はその完全さに気づいていません。教師の仕事は、生徒が自分の内なる完全さに気づくよう、みちびくことなのです。普通の教師は、生徒たちは白紙のような状態であり、自分がそこに、ふさわしいと思うことを書きつけなければならないのだ、と考えます。生徒たちは教師が自分の考えに応じて形をつくることになっている土のかたまりのようなものだ、と思っています。それが一般の考え方です。しかしスワーミージーは、まったくちがった意見を持っていました。彼は、あらゆる子供は生まれつき完全であり、教師の仕事は、子供の内なる完全さがあらわれるための道を整えることである、と言っています。それはスワーミージーが固守した偉大なヴェーダーンタの概念であり、これが彼の教えの基礎をなす原理です。スワーミージーは言っています「われわれは、それによって人格が形成され、心の力が強くなり、知性が拡大し、またそれによって人が自分の足で立つことができるような教育を望む［3］」彼はまたこうも言っています「教育は、あなたの頭脳につめこまれて消化吸収されず、そこで生涯あばれまわる知識や情報のかたまりではない［4］」この見解は、子供はすべてのことを教師からおしえられなければならない、という一般的な見方とはひじょうにちがった視点の上にたっています。

スワーミージーは、自分は人類の偉大な教師である、とつねに意識していたわけではありませんが、彼が行くところではかならず、人びとは彼の中にすばらしい教師を見いだしました。彼の内に、神のさとりから生まれる、知識と英知と光の無限の宝を見たのです。彼はその生涯を、人びとに究極の知識をおしえることについやしました。それを知ることによっていっさいのことが知られ、それを知ることによってすべての難問が解決する、その知識です。

旅行者、スワーミー・ヴィヴェーカーナンダ

シュリー・ラーマクリシュナがなくなられた後、他の多くの兄弟弟子たちとおなじように、スワーミージーはインドをくまなく遍歴しました。彼は宮殿に住む王侯たち、小屋に住むこじきたちにおなじように接しました。インドの民衆を、理解に苦しむような彼らの風習、信条などを、研究しました。母国の堕落の背後にひそむ要因について、深く考えました。また、この偉大な国の将来によこたわるものに、思いをひそめました。つたえられるところによると、彼はインドの最南端、カンニャクマリの岩にすわって瞑想しました。そのとき彼の眼前に、インドの過去の栄光と、現在の堕落と、将来のかがやかしい姿とが、あらわれました。彼は、民族のたてなおしの仕事はサンニャーシンの手によって成就されるであろうということを予見し、インドの将来は過去よりももっと栄光にみちている、と直感しました。

スワーミージーは、インドの復興のためだけを考え、方法を見いだしただけで満足していること

はできませんでした。彼の師は彼に、全世界の向上のためにみずからをささげることを、期待されたのでした。彼のハートは実に大きく、彼の同情心は実にひろく、せまい環境の中にとじこめられていることはできませんでした。それらはすべての限定、すべての境界をこえました。全世界が、彼の奉仕の対象となったのでした。そのために、彼は海をこえました。シカゴの宗教会議でヒンドゥの宗教を代表するために、アメリカにわたったのです。そこでは彼を知るひとは一人もいませんでした。最初は何ひとつたよるものもなく、こじきのように生きなければなりませんでした。やがて、おおぜいの人びとの集まり――その中には知的巨人たちもいるような聴衆――を前にするようになり、宗教についての彼らの考も知りました。そこで、彼はもう一つの啓示をうけました。人類の文化全体の把握です。

スワーミージーは最初から歴史のすぐれた研究者であり、彼自身の国の現状のするどい観察者でした。彼はアメリカのゆたかさを自国の貧しさとくらべました。彼は、インドはたしかに貧しいが、その貧しさは単に物質上のことである、西洋世界は物質的にはゆたかであるが、霊的には貧しいと結論しました。彼は、インドと同様、全世界が自分の奉仕の場所であることを理解しました。全人類に対する偉大なメッセージが彼の心中で形成されつつあり、彼は、偉大な彼の師シュリー・ラーマクリシュナが全世界の向上のためにそのメッセージをつたえる道具として、自分をあとにのこされたのだと感じました。彼はただちに、世界の人びとへの奉仕に献身しました。彼は言いました「ブッダが東洋に教えを説いたように、私は西洋に教えを説く［5］」彼は教えを広めようとしており、しかも急いでいました。自分の生涯が長くないことを、よく知っていたのです。

こうして、このあとの彼の疾風怒濤《しっぷうどとう》の遍歴がはじまりました。いたるところで彼は、人に内在する神性という、偉大な教えをひろめました。いつも言っていました「私の理想は数語で言いあらわすことができる。それは人類に彼らの神性を、そして人生のあらゆる行動の中にそれをあらわす方法を、説くことである［6］」シュリー・ラーマクリシュナはそれをみずからおしえられたのですが、だれひとりその教えを、スワーミージーが理解したようにしんけんに、うけとることはできませんでした。シュリー・ラーマクリシュナはよく、もし土の像や木の像の中に神をおがむことができるなら、彼がそれよりもっと多くあらわれていらっしゃる人間の中に、彼をおがめないことがあろうか、とおっしゃいました。スワーミージーはその美しいメッセージを彼のハートにいだいて、やがてひろく世界中につたえて行ったのです。

彼の視野の中では、民族や国家の間に本質的な区別はありませんでした。彼らすべてが、彼にとってはひとつでした。全宇宙は、ブラフマンでした。おなじ神性が一切所に遍満していました。ただ、これら潜在的神性の必要とするものは、ところによってさまざまでした。インドはまずしく、したがって教育と物質的援助を必要としました。インドには教育がひろく普及することをねがいました。ですから彼は、インドが迷信にひたっているのを見て、人びとの心は迷信と無知のくさりから解放されなければならない、と思いました。一方、スワーミージーの見た西洋社会は、物質的にはゆたかであるが、霊的思想はまずしい状態でした。人の神性という観念は、そこには見られませんでした。労働の尊厳という思想はありますが、人間生得の神性という観念はありませんでした。西洋には社会正義の意識はありました。アメリカは福祉のゆきわたった国でした。しかし、人の中に神を見て、自己本来の神性に対する無知から人びとをすくい出すということは、学んでいませんでした。

それゆえスワーミージーは、東洋と西洋とが出会うことによって新しい文化が生まれなければならない、と感じました。それは、単に二つの文化が社会の中でまじりあうということではなく、東と西の二つの文化の間にはたがいの同情と仲間意識が生まれ、それらが一つにとけ合うのでなければならない。そうなれば、いたるところに物質的繁栄と霊的な美点との調和ある結合が生まれるであろうというものでした。

これが、スワーミージーを世界的教師にした予言的な展望でした。彼は全世界へのメッセージを持っており、世界の各地での緊急の要望にこたえるためには、そのメッセージをどのように適応させればよいか、ということを知っていました。どこであっても、求められているものはあたえられなければなりません。しかし、人はつねにこの一つの思いは心にとめておかなければなりません――人の神性です。この神性が、めざめさせられなければならないのです。内なる神性がめざめなければ、いかなる法律によっても、いかなる種類のゆたかさによっても、また社会の助けによっても、人の苦しみをのぞくことはできません。それだからスワーミージーは、内なる神性の知識、そして存在はひとつという知識の源泉であるヴェーダーンタの思想を強調されたのです。

スワーミージーとヴェーダーンタ

スワーミージーが説いたヴェーダーンタは、長い間一つの知的訓練にすぎないように考えられてきた、あのヴェーダーンタではありません。あのヴェーダーンタは、人類を正しい形にそだてる役にはたちません。彼はあのような知的ヴェーダーンタではなく、彼が言うところの「実践的ヴェーダーンタ」をおしえたのです。もし神がいたるところにおられるなら、もしすべての人が神聖であるなら、人は、人類の一体性、すなわち全世界がブラフマンであること、をさとるような方向にふるまうべきです。スワーミージーは「ヴェーダーンタは、あらゆるところでひじょうに大きな慈善的な仕事をすることができる。至高の魂はひとつであり遍在であるという、このすばらしい思想は、人類の改善と向上のために、ここでも他のどこででも説かれなければならない［7］」と言っています。この教えは、最初はヴェーダのものでした。しかし、それはスワーミージーがしたような形では実践されませんでした。スワーミージーは彼の生涯と活動の中で、この教えを実践にうつしたのです。もし私たちがこの偉大な真理にめざめさえするなら、全世界はおどろくべき変化をとげるでしょう。

私たちは、アートマンすなわち私たちすべてに内在する神性を知らないかぎり、人と人との間に、民族と民族との間に、また国家と国家との間に差別をつくります。この種の区別のゆえに、私たちはたがいにあらそい、この世界を分別ある人びとにとって住みにくい場所にしているのです。スワーミージーはこの種の不和と偏狭な見解を、いかなる知的理解によってでもなく、真のヴェーダーンタの実践によって、とり除こうとしました。

私たちはみな、この種のせまい差別を持っています。どんなに相手をにがにがしく見ていることか。どんなにするどい敵意をたがいにいだき、また行為にあらわしていることか！　これはどのような知的訓練によっても、または合法的な組織をつくることによっても、けっして除くことはできないでしょう。そのようなものは、この病める世界をいやすほどの力は持たないのです。道具である心それ自体が、不純性や二元性をとりのぞくことによって、きよめられてはいないのですから、私たちはそれを敵意から解放することはできません。それをデモクラシーというらすいヴェールでかくすのがせいぜいでしょう。ですからスワーミージーは言ったのです「私は根本的な改革を欲する［8］」と。

それがスワーミージーの考えであり、私たちはその点を見て、彼を人類の師とあおぐのです。スワーミージーは、いかなる特定の宗教または信条の教師でもありませんでした。彼は、ひろく人類を変えようとした教師でした。彼がゆめみた人類は、愛そのもの、ゆるしそのもの、そしてすべてに対して共感の心を持つ人類だったのです。ただ仲間意識やよき理解を持つだけでは、十分ではありません。人はすべてを神ご自身と見、それゆえ自分たちは本質的にはひとつである、と考えなければならないのです。その本来ひとつというのが、スワーミージーの教えの中心です。

この思想をひろめるために、スワーミー・ヴィヴェーカーナンダはラーマクリシュナ僧団をつくりました。彼は弟子たちに、他者の幸福のために自分をささげることをおしえました。スワーミージーは、改革者でも、政治家でも社会事業家でもありませんでした。スワーミージーは若いころ、シュリー・ラーマクリシュナから何がほしいかとたずねられて、つねにサマーディに没入したままでいたい、とこたえました。師はこの弟子を非難し、自分は愛するナレンが、その木陰におおぜいの人びとが身をよせる、大きなバンニャンの木のようになることを望んでいるのだ、とおっしゃいました。スワーミージーはそのおことばの意味を理解し、その後、彼の全生涯は人類への奉仕にささげられたのです。私のナレンは世界の師となるであろうとおっしゃった、シュリー・ラーマクリシュナのおことばは実現しました。スワーミージーの精神は、地球上の最後の一人が自分は神と一体であるということをさとるまで、彼は自分の救済は求めない、というものでした。これが、彼が自分の弟子たちにさずけた思想でした。このサナータナ・ダルマ（永遠の宗教）のたいまつはシュリー・ラーマクリシュナによってふたたび点じられたものであり、人類がほんらい持っている力を回復するために世代から世代へと受けつがれなければならないものです。スワーミージー自身が、彼の仕事は今後一五〇〇年つづくであろうと言っています［9］。

［1］"The Complete Works of Swami Vivekananda", (Calcutta: Advaita Ashrama, 1979) Vol.5, p.95.
［2］"The Complete Works of Swami Vivekananda", (Calcutta: Advaita Ashrama, 1985) Vol.4, p.358.
［3］"The Complete Works of Swami Vivekananda", (Calcutta: Advaita Ashrama, 1979) Vol.5, p.342.
［4］"The Complete Works of Swami Vivekananda", (Calcutta: Advaita Ashrama, 1989) Vol.3, p.302.
［5］"The Complete Works of Swami Vivekananda", (Calcutta: Advaita Ashrama, 1979) Vol.5, p.314.
［6］"The Complete Works of Swami Vivekananda", (Calcutta: Advaita Ashrama, 1986) Vol.7, p.501.
［7］"The Complete Works of Swami Vivekananda", (Calcutta: Advaita Ashrama, 1989) Vol.3, p.194.
［8］同、p.213.
［9］『スワミ・ヴィヴェーカーナンダの生涯――東西の直弟子たちによる』協会訳、不滅の言葉第一八巻第六号、一〇～一一頁。

第七章　霊性のイニシエイションの意義

マントラとディクシャー

ディクシャーという言葉は、あることを始める誓いを立てる、という意味です。英語では、イニシエイションと訳されています。何かを「始める」とか、誰かに「ある過程を始めさせる」という意味です。ディクシャーの目的はさまざまで、その方法もさまざまです。聖典には、ヤジュニャー・ディクシャーという言葉が出てきます。これは、何かを得る目的で特定の犠牲供養をおこなうことを誓う、という意味です。しかしここでは、話をマントラ・ディクシャーについてだけにかぎることにしましょう。ある人にあるマントラをとなえる誓いをさせる、という意味です。

マントラとは何か。それをくりかえすことによって無知の束縛を脱し、生死の輪廻《りんね》から解放される、霊的な、すなわち神秘的なきまり文句という意味です。それがマントラ・ディクシャーの目的なのです。私たちの心中には、ディクシャーとは何であるか、またそれは私たちの修行にとってどの程度たいせつなものであるのか、ということについて大きな混乱があるようです。多くの人びとが、それがどういう意味であるか、またその過程によって何が得られるのか、ということをはっきりと理解せずにディクシャーを求めるようです。私はディクシャーという言葉を「霊性のさとりを得るためにグルから命ぜられたきまり文句（マントラ）を規則正しく繰りかえすことを誓う」という意味だけにかぎって扱うことにします。サンスクリットのマントラという言葉は「マントラは、それを瞑想することによって人が解き放たれるものである」と説明されています。生死の輪廻から、サムサーラの大海から、マーヤーすなわち無知の世界から、解放されるのです。これが、マントラという言葉の語源学上の意味です。そしてディクシャーは、このマントラの繰りかえしを、グルに命ぜられた特定の方法で始めることを意味します。

マントラの伝統

古代には、マントラはヴェーダの中に見いだされる詩句でした。ヴェーダ全体が、マントラとブラーマナからなりたっているのです「ヴェーダという言葉はマントラとブラーマナという意味である[1]」と言われています。マントラは、さまざまな犠牲供養に関するリシたちの言葉です。ブラーマナは、ヴェーダの、これらのマントラをどのように扱うかを述べてある部分をさすものです。ブラーマナは、さまざまな犠牲供養その他の儀式でマントラをどのように使うか、ということをしめしていましたが、後世になって、タントラでは、マントラは別の意味を持つようになりました。タントラにおけるマントラという言葉は、神のある面をあらわす特別な、神秘的な言葉の形式という意味です。それらは、イニシエイションを受けていない人には理解できない言葉で書かれています。タントラのマントラは、神のある面を意味するひじょうに含蓄のある短い音節から成り、意味を隠すような形式をとっています。

マントラは、ヴェーダのにせよタントラのにせよ、人が作成したものではない。それらは、グルから弟子へと、次々に伝えられて来たものだ、とかんがえられています。ヴェーダもタントラも共に、マントラは不滅のものである、と言っています。ヴェーダが、マントラはリシたちに啓示されたものだと言っているのに対して、タントラは、それらはパールヴァティの問いに答えたシヴァの言葉である、と言っています。パールヴァティの質問にたいしてシヴァが説明するというものです。タントラの説によれば、マントラは神の特定の面を象徴する秘密の言葉の形式です。神のさまざまな面をあらわすさまざまなマントラがあります。マントラ・ディクシャーは、グルからその弟子へ特定のマントラを伝達する儀式です。弟子は、これらのマントラをとなえることを、またはこれらのマントラを瞑想することを、誓うのです。

タントラのマントラとヴェーダのマントラとの差異はつぎのようなものです――ヴェーダのマントラは、神々や女神たちをなだめるための特定の犠牲供養の中でとなえられる、祈りや賛歌などの短縮されたものですが、タントラのマントラは、神性のある特定の面、たとえばある神（デーヴァ）または女神（デーヴィー）をしめす、秘密の文句です。インドで私たちが現在おこなっているマントラ・ディクシャーは、主にタントラの方法にもとづいています。ヴェーダの時代にもディクシャーはありました。その伝統の一部は現代にも存続していて、例えば、弟子が彼のグルの家に入り弟子として受け入れられると、彼は有名なガーヤットリー・マントラを授けられます。ヴェーダのマントラですから、ガーヤットリーは長いものです。それにくらべてタントラのマントラは短い言葉です。

マントラは、その形も性格も、少しの変化もうけぬよう、注意深く保存されるべきものです。何ひとつ、それに加えてはいけないしそれから取り除いてもいけないのです。ヴェーダのマントラは、今は書きしるされていますが、昔はただ、グルから弟子に伝えられるだけでした。それらはシュルティと呼ばれ、弟子がグルから聞かされて記憶におさめるべきものだったのです。マントラの変更や加筆はけっして許されませんでした。文法上の訂正もすることはできませんでした。それらは完成されたものだったので、弟子にはただそれらを瞑想し、グルの指示にしたがうことだけがゆるされていました。タントラでも、マントラは少しも変えないでひじょうに注意深く守るということになっています。タントラの場合は、伝達の秘密が厳しく要求されました。なぜでしょうか。この規則が守られないと、マントラが本来の力を発揮しないと信じられたのです。声高にマントラをとなえると、それらは力を失います。マントラは非常に強力なもので、霊性の知識を開発する力があると信じられています。マントラをとなえることによって、ムルティすなわちそのマントラがあらわしているイシュタの本当の姿が弟子の前に現れるのです。

グルの必要性

しかし近頃は、ヴェーダのマントラは印刷物として手に入り、だれでもが近づくことができます。同様に、タントラのマントラも書物で刊行され、だれでも読むことができます。しかし、ヴェーダでもタントラの聖典でもつねに、このようにだれでも簡単に近づくことができる状態はよくない、と警告しています。ウパニシャドは「師から与えられた知識だけが実を結ぶ［2］」と断言しています。もし私たちの生涯のうちに、少しの知識でも本当に得られるものなら、それはグルから聞かされるものでなければならないのです。ヴェーダでもプラーナでも共に、この原理の固守が強く主張されています。その背後にある意味は、グルはマントラを与えるだけでなく、それといっしょに自分が持っている霊性の力のいくらかを弟子に伝えるのだ、というものです。印刷された書物でマントラを読んでも、この種の力の伝達は起こらないでしょう。これをもっとわかりやすい、合理的な方法で理解するようにしてみましょう。ある道徳上のおきてを、もし書物で読んでも、ある程度の感銘は得られますが、その教えを自分が愛し尊敬している人の口から聞いたら、その結果はとうぜん、ひじょうに違ったものになるでしょう。同様に、マントラ・ディクシャーによって霊性の力が伝達される実際の過程は、私たちには理解できないかもしれませんが、少なくとも、もう一つのランプからしか、ランプに点火することはできない、ということはわかるでしょう。一個の魂に点火するには、そこにすでに点火されたに違いない、ある魂がなければならないということは必定です。これが、グルから弟子への伝達と呼ばれるものです。この種の生きたつながりがなければ、伝達は不可能です。

マントラの影響

この生きた接触を通じて、マントラはもっと強力になります。私たちの聖典が弟子たちの側に一種の秘密を命じ、この規則を破る者に厳しい罰を課しているのは、この力を保存するためです。もちろん、その目的はただ、人びとがマントラを軽々しくあつかうのを防ぐためです。マントラはまじめに受け取らなければならないものです。それらをためすようなことをしてはならないのです。それらは、私たちの生涯にとってひじょうに重要なものであり、神をさとるためにこの生涯をささげようとするなら、それは軽々しい態度で成就し得るものではない、ということを知るべきです。グルはマントラだけでなく、彼が自らの経験を通じて、またはその系列のグルたちの経験を通じてわがものとし、それによって弟子を正しく導くことを可能にしている知識をも、伝達するのです。

これに関連して、もう一つのことが私の心に浮かんできます。無数のマントラがあります。もしそれらがぜんぶ、私たちの前に置かれたら、私たちは取捨に迷うでしょう。このような混乱を除くための最善の方法は、それらの直接の知識を持つ、資格ある人の命令にしたがうことです。その人が、グルなのです。

グルの栄光

特にタントラの聖典では、グルは神ご自身以外のなにものでもない、と説かれています。「グルの賛歌」では次のようにうたわれています「グルはブラマー、グルはヴィシュヌ、グルはシヴァである。グルみずからが至高のブラフマンである。グルに敬意を表したてまつる〔3〕」グルは至高のブラフマン以外の何者でもない、と考えられているのです。シュリー・ラーマクリシュナはいつも、サット・チット・アーナンダ、究極の実在、すなわちブラフマンのみがグルである、とおっしゃっていました。これは、ヴェーダその他の聖典の教えと一致するものです。しかし私たちがイニシエイションを受けに行くときには、自分はそのブラフマンという、全知の至高実在から教えられているのだとは感じないでしょう。ある人物を見て、彼は自分を導くにふさわしい人だと感じるから、グルとして選んで彼に近づくのです。その人物は生まれて死に、ふつうの人間としての限界を持っているから、これをブラフマンと同一視することはできません。しかし私たちの聖典は、グルを至高者と見よ、と厳しく命じています。これは理論と実際との間の矛盾を意味するのではないでしょうか。そう、ある意味ではそうです。しかし、それはちょうど、私たちが神像を通じて神を礼拝しているのと同じことなのです。私たちは、神の特定の面をあらわす彼の像をつくります。神像は、生命のない物質でつくられ、私たちはその像を通じて、無限の霊であるところの神を瞑想したり礼拝したりします。なぜそうするのでしょうか。なぜなら、私たちの心は思考を超越している無限者、純粋な霊を把握することはできないからです。それだから、像とか絵姿とか単なる図式とか、その物質的表現にたよらざるを得ないのです。世界中に、何の像もなしに神が礼拝されているという宗教はありません。もし私たちが象徴を通して彼を礼拝しないなら、その他には彼を思い浮かべる方法はないのです。一切の神の姿を心から消すよう強くもとめる宗教でさえ、何らかの象徴にはたよっています。

マントラは、神格の象徴的な表現、啓示された言葉、という形の神です。光り輝く図式という形、または光り輝くマントラの文字という形で神秘的に神を経験する信者たちの例があります。これらはもちろん、神秘経験の一例であって、宗教はこのような神秘的な表現に満ちているのです。私たちはこのような理性を超越する経験を、つねに理論的に正当だとすることはできません。イニシエイションを受けていない世間の人びとに、これらの経験は真実のものであると証明することはできません。神の像は金属の偶像か、ある言葉か象徴であるかもしれません。しかしそれは、神をさとるのに絶対に必要な助けなのです。人間の心は、形を通じてのみ、実在を思うことができます。形なきものを思うことはできないのです。こういう疑問が出るでしょう――私たちは永久に、形にしばられなければならないのか。いや。形を通じて、私たちは形なきものに到達しなければならないのです。私たちは、今の心の状態を変容させることなしに、とつぜん直接形なきものに到達することはできません。最初はどうしても、形か象徴を通さなければ、心は思うことができないのです。それだから象徴は霊性の修行にとって絶対に必要であり、マントラは神をあらわす象徴なのです。私たちがもし、神のある特定の像が表現している彼の特定の姿を愛するなら、その像がゆがめられたり傷つけられたりするのを好まないことは明らかでしょう。同じように、マントラもゆがめられてはならないのです。少しの変化も加えられぬよう、あるがままにくりかえされるべきものです。この規則は厳重に守られなければなりません。それだけでなく、実践の方法もたった一つにかぎるべきなのです。

霊性の道で進歩をするためには、かならずグルにたよらなければならないものでしょうか。明らかに、それが実際的な方法です。グルは、無知な人びとを導くためには欠かすことのできない、ある資格を持っていなければなりません。第一の資格は、彼はスロトリヤつまり聖典の知識を持つ人でなければなりません。しかし単なる学識は人をグルにはしないのです。彼は真の知識の人、さとりの人でなければならない、真理を自覚した人でなければなりません。第二には、彼はアヴリジナでなければならない、つまり彼の行為は非難の余地のないものでなければなりません。彼は厳重に、霊性の理想に合致した生き方をしていなければなりません。すべての罪から解放されて、完全に清らかでなければなりません。最後に、彼はアカーマハタでなければならない、つまり彼の弟子との関係には、いかなる種類の利己的動機がまじっていてもいけないのです。マントラを授けたことによって弟子からいかなる利益を得ようという願望を持ってもいけません。これらが、私たちがだれかをグルとして受け入れようとする場合に、心にとめておくべき主な資格です。

弟子の資格

弟子にとって必要な資格は何でしょうか。弟子は、霊的理想の追求にしんけんでなければなりません。単に教えによって好奇心を満足させようとしているような人であってはならないのです。彼は、グルの指示をまじめに実行しなければなりません。また、その性格は純粋でなければなりません。性格の清らかさは、教師にも教えを受ける者にも、同じように大切です。その上に、弟子は謙虚でなければなりません。彼は高慢であってはなりません。深い尊敬の態度なしに、グルに近づいたり彼を判定したりしてはなりません。謙虚さだけが、求道者を、グルの知識を受けるにふさわしい媒体とならしめるのです。謙虚さ、熱意、純粋さ、および奉仕の精神がなければ、弟子は単にグルに接触したというだけでは何の恩恵もこうむらないでしょう。それだからウパニシャドに「求道者はまきを手にして、学識ある、さとりを得たグルに近づくべきである[4]」と言われているのです。まきは奉仕の象徴です。その当時、グルは祭祀《さいし》を行うのにまきを必要としました。求道者は一荷のまきを携えてグルに近づくことにより、彼に仕える意志のあることをしめしたのです。重要なのは、奉仕によってグルが喜ぶだろうということではなく、その奉仕が弟子を、彼自身の浄化のために、必要な教えを受けるにふさわしい者にするということです。彼はただ、グルの命令に信仰をもってしたがえばよいのです。

グルと弟子

宗教は商取引ではありません。利己的な動機は、グルと弟子との関係を傷つけます。弟子は何かを支払ってグルの教育を買おうとする者としてではなく、あくまでも謙虚に、奉仕の精神で、学ぶ者として、グルの足もとに自らをささげるべきです。霊性の知識は、謙虚さと奉仕の精神とによってはじめて得られる、グルからの贈り物です。グルが弟子をイニシエイトする、彼をこの道に出発させるのです。スワーミー・ブラフマーナンダ〔一〕はこの問題についてつねに多くのことを語りました。彼の教えを読めば、皆さんもこの点について多くの貴重な導きを得られるでしょう。彼は何ごとも秘密あつかいするようなことをせず、はっきりと教えています。

霊性の知識は、研究によって得られるものではありません。謙虚さと、忍耐と、この上もなく深い信仰とによって得られるのです。信仰は特に大切です。科学の書物を読む場合には、信仰は大して必要ではありませんが、聖典を学ぶ場合には、そして特に宗教の修行をする場合には、深い信仰が必要です。ヴェーダに、信仰の必要をしめすみごとなたとえ話がのっています。弟子がグルに、ブラフマンについて教えてください、とたのむと、グルは「ブラフマンは非常に精妙なものであって、全宇宙はそれから生じたのである」と言って教えます。実在の一元的性質を説明するために、彼は一つのたとえ話をします——「ちょうど、ハチが蜜《みつ》を作るとき、さまざまな花からとられた蜜がいっしょに混ざり合って不可分の状態になるように、すべての自己もブラフマンの中で一体になるのだ」これを聞いた後に、弟子はまた、同じ問いを「どうぞ、もう一度教えてください」とくりかえします。これはつまり、弟子はこの教えによって理解することができなかったということです。そこでグルはまた別のたとえを引きますが、弟子はまた同じ質問をします。グルはさらに別のたとえを引きますが、弟子はかさねて同じ問いを繰りかえします。ついにグルは「私の息子よ、信仰を持ちなさい［5］」と言います。ブラフマンは、たとえ話で理解できるものではありません。たとえ話は、目に見えるもの、感覚で受け取れるものにもとづいています。しかしここでは私たちは、人間の感覚を超えたものに近づこうとしているのです。この道を少しずつでも前進するためには莫大《ばくだい》な信仰が必要です。信仰なしには少しの進歩も望めないでしょう。

ではこの信仰は、グルの言葉は何もかもそのまま受け入れる、ということでしょうか。いや。真のグルは、それをしてはならない、といましめるでしょう。シュリー・ラーマクリシュナご自身も弟子たちに向かって、グルに盲目的にしたがってはならぬと強く忠告なさいました。彼は「私の言うことは何であれ、そのまま受け入れるようなことはするな。お前たちはそれらを、できるかぎり自分の理解力を働かせてテストしなければいけない。なるほど、もっともだ、と思われたときにはじめて、したがうようにせよ。それまでは受け入れてはならぬ」とおっしゃいました。それゆえ、グルの教えにしたがう場合には自分の知性をぜんぶ捨てなければならない、というものではありません。しかし私たちは、疑いの心でそれにしたがってはなりません。そのような心は、グルの教えの真の意味をけっして理解できないでしょう。だからシュリー・ラーマクリシュナは「できるかぎりグルをテストせよ。しかし、彼はほんとうに私を最高のゴールに導くであろう、と確信したら、全身全霊をもって彼に帰依せよ［6］」と言われました。グルにはこのような信仰をもって近づかなければならないのです。そしてこのようなグルが、私たちを最高のゴールまでつれて行くことができるのです。もし弟子が、まだ十分にさとっていないグルのところに行ったらどうなるのでしょうか。ウパニシャドには、彼らは盲人に導かれる盲人たちのようであろう［7］、と述べられています。これは実に、まことにがっかりさせる宣言です。

　すると一つの質問が出るでしょう「私たちはまだ、他者を判定するだけの力を持っていません。心が明晰《めいせき》ではないのです。まだ多くの疑問や困難にしばられています。どうして、自分よりはるかに高いレベルにあるグルを判定することなどができるでしょうか」その答えは「あなたのできるかぎり、グルの動機の純粋であることを確かめるようにせよ。彼があなたの前で一個の理想としてふるまうことができるか否か、自分の目で確かめよ。それから、受け入れよ。いったん受け入れたら、全心を傾けてしたがえ。そうでないと、あなたの疑心がつねにわざわいをなすであろう」というものです。かりに自分のグルがまだ最高のゴールに到達していなかったとします。ウパニシャドには、グルがあることがらに関する自分の無知を認める例がのっています。すると、グルと弟子の両方が、その問題についてもっとすぐれた知識を持つ、もう一人の人のところに行くのです。それがほんとうに、まじめで虚飾がなく、しんけんに弟子の進歩と幸福を思うグルの態度です。そのような場合には、盲人が盲人に導かれる、というような悲劇はおこらないでしょう。それはむしろ、同じ目的地に行こうとしている旅の道づれのようなものです。彼らは他の人びとに方向をたずねるでしょう。ときにはまちがいもするでしょうが、ゴールに達することは確実です。

私は自分の評価では最高と思われるグルにめぐりあいます。しかしもし私がもっと有能なグルを必要とするなら、私がしんけんでさえあれば、そのようなグルもやってくるでしょう。根本的に必要なのは真剣さです。私たちは、この上もなく誠実に探し求めなければなりません。そうすれば、シュリー・ラーマクリシュナがおっしゃったように、助けはかならずやってくるのです。これは、霊性の生活におけるいつわりのない真理です。なぜなら、グルは神ご自身以外の何者でもないのですから。私たちがあやまちを犯しても、神は、私たちが手探りをしているのだ、ということをごぞんじです。彼は、いつ、どのようにして私たちの上に恩寵の雨を降らせるべきか、どのようにして光を与えるべきか、ということをよくごぞんじです。私たちはたとえあやまちを犯しても、求道にしんけんでさえあるなら少しも恐れることはないのです。これは、よく覚えておかなければならないことです。もしこのような熱意がなければ、もっとも深遠なブラフマンの知者の導きといえども、私たちに大した助けは与えないでしょう。グルは、私たちが霊性の道を少しずつ進むのを助け、迷いが起こったときには私たちの内部にもっと高い知識をめざめさせてくれる、ガイドであると理解すべきです。弟子はこの精神で、自分の道を進まなければなりません。

かみそりの刃

一つ、覚えておかなければならない、ひじょうに大切なことがあります。霊性の道はけっして安易なものではありません。ウパニシャドの中で言われています「賢者は、この道はかみそりの刃を渡るように苦難にみちたものだ、と言っている［8］」足が引き裂かれるような苦難にみちた行程です。それでも、勇気があれば、たゆむことなく困難を排して前進することができるのです。神を求める者には、固い決意と信仰がぜったいに必要です。霊性の探求は、感覚でこころみることのできる物質的なものや世俗の知識の探求とはちがいます。霊性の領域では、私たちは感覚を超えたあるものを求めているのです。とちゅうで不必要に何かを探りまわったり、または、自己満足におちいったりしたら、ゴールに到達する見こみはない、ということをよく覚えていてください。何回もの生まれかわりも辞さないほどの忍耐が必要なのです。もちろん、このような忍耐心は一日二日で、いや、三年かかっても得られるものではありません。しかし、私たちの探求の目的は、たとえその探求に幾百生をかけてもおしくないほどの、価値のあるものなのです。それにあたいするだけのものを支払わないかぎり、なにひとつ、得られるものではありません。おそらく、最高の努力をつくしても、そのゴールはなお、私たちを絶望させるほどはるかに遠いものであるのかもしれません。あるいは、まもなく到達できるほど近い所にあるのかもしれません！　いつそのよき瞬間が到来するのか、だれにもわからないのです！　皆さんの多くが、聖書に出てくる一〇人の乙女の話を知っておられるでしょう。忍耐強く思慮深い乙女たちは灯火《ともしび》のための油を十分に用意していたので、予定よりも遅れてきた花婿をすぐに迎えることができましたが、思慮の浅い乙女たちは大切なときに油をきらせていて、共に婚宴の喜びにあずかることができなかったというのです［9］。彼のランプに忍耐という油を十分に用意していない求道者は、これと同じ目にあうでしょう。

私たちの探求の目的はじつに貴重なものであって、その代償はいくら支払っても払いすぎるということはないのです。それをあがなうに足る金を持つことなどはけっしてできません。それは、評価を超えたものです。ヴェーダに、この事をあつかった物語がのっています。男がソマラターを売りにきました。その汁は犠牲供養をおこなうのに欠かすことのできない神聖な植物です。犠牲供養をおこなう人がそれを買いたいと思って値段の交渉に入りました。彼はコヤス貝二〇枚からはじめて少しずつせり上げましたが、そのたびに「ソマ王はそれよりも高価だ〔10〕」という宣言でことわられました。最後に自分の持ち物ぜんぶをかけましたが、それでも同じ「ソマ王はそれよりも高価だ」というそっけない返事でことわられました。ついに、とうてい自分には支払うことができないと知ったとき、彼はそのソマラターをぜんぶ略奪したというはなしです。

同じ思想が、バーガヴァタムの中に美しく描かれています。母ヤショーダーは、クリシュナがいたずらをして近所の人びとを困らせるので腹を立てました。あまりにいたずらが激しいので、彼をどこかにしばりつけておくことにしました。牛飼いの家だから縄は充分ありました。彼女はその一本を持ってきてクリシュナをしばりました。ところが縄は、指二本分だけ丈がたりませんでした。他の縄がそこにつながれました。それでも丈は、指二本分だけたりません。家にあるかぎりの縄が持って来られましたが、そのギャップをうめることはできませんでした。ヤショーダーは疲れて汗をかき始めました。ついに、彼女が疲れ果ててあきらめたとき、シュリー・クリシュナは甘んじてしばられたのです。この物語の意味は、私たちがどんなに多くの修行をしても、その力で神をしばることはできない。彼はただ、私たちを受け入れてくださるのだということです。このことを覚えておいてください。最終的には、主の恩寵にすがらなければならないのです。私たちの修行の極地は、完全に彼に帰依し、彼の恩寵にたよることです。

〔1〕Apastamba Rsi. quoted in Veda Bhasya.

〔2〕『チャンドキヤ・ウパニシャド』四・九・三。

〔3〕Skanda Purana, "Guru Gita", 1.46.

〔4〕『ムンダカ・ウパニシャド』一・二・一二。

〔5〕『チャンドキヤ・ウパニシャド』六・一二・二。

〔6〕『ヴィヴェーカーナンダの生涯』不滅の言葉第一〇巻第一一号三三〜三四頁。

〔7〕『カタ・ウパニシャド』一・二・五。

〔8〕同、一・三・一四。

〔9〕『聖書、マタイ』二五・一〜一二。

〔10〕『シャタパタ・ブラーフマナ』三・二・六・一。

〔一〕シュリー・ラーマクリシュナの直弟子、ラーマクリシュナ僧院初代僧院長。

第八章　ラーマクリシュナ寺院――その重要性

私たちはすべてに遍在する神を信じています。なにものも神の存在を限定することなどできません。それなのに、私たちは神のための家をつくります。どうやって神を建物のなかに宿らせることができるのでしょうか。建物がどんなに大きくても神の存在を入れるには小さすぎます。そのような神の家、つまり寺院が、インドだけでなく世界中につくられています。そうして人びとは幾世紀にもわたって神の家において心からの祈りを主へささげてきたのです。

神があらゆるところにおいでになることは疑う余地がありません。しかし、もし私たちが神を求めてあちこちさまようならば、私たちの心もさまよって一点に集中することができないでしょう。私たちには散乱する心を集中することのできる場所、心を神にむけることのできる場所が必要です。だからそれにふさわしい場所としての寺院が必要なのです。人びとは神の現前に満たされた雰囲気のなかで神を礼拝するという、ただひとつの目的をもってその寺院へ行くのです。

寺院は何をあらわしているか

寺院は神のためにではなく、信者のためにつくられます。信者たちは神に祈りをささげるためにつくられた、特別の場所で神に心を集中させます。すべての寺院は、愛と信仰をもって神に祈り、神の栄光をたたえることができる場所です。だから寺院の意味はそこで具体的な形をとおして主が礼拝されることにあるのです。事実、お寺というものは信者たちが自分の低い世俗的欲望を洗い清めるために行く、神の聖堂として建築されました。

寺院は霊的な文化をあらわします。それはその中に安置されている神像を具体的に建物としてあらわしています。ここで人びとは霊的な生活を発展させますし、現にたくさんの人が自己の霊性をさとっています。もし聖なる人びとがこれらの寺院に住むならば、自分自身の霊感をめざめさせるのと同時に、彼らの神聖な生き方によってその場所が霊的になり、他の人びとをも霊的に高揚させることになるでしょう。寺院のなかの霊性はいつも生き生きとしていなければなりません。そうすれば寺院はつねに人びとの霊的感動の源泉でありつづけるでしょう。聖なる人びとは、彼らがおこなう修行とその存在とによって、巡礼の聖地をいっそう神聖なものにします。寺院でとりおこなわれる儀式をとおして、そこにまつられた神は生きた存在となります。これは「神のめざめ」と呼ばれ、そのめざめた神性が信者たちの熱心な祈りにこたえるのです。

まじめな信者たちはハートの奥に潜む神聖な性質をさとろうと努力します。しかしほとんどの人のなかで神は、多かれ少なかれ、いわば眠った状態にあります。自分の内に神という永遠の存在が実在するのだという喜びを感じるのでなければ、人は内なる神を求めることに興味を持つことはできません。私たちは何度もサーダナー（修行）をあきらめます。しばらくのあいだ、いくらかの努力をしてみたあとで、あきらめて世俗の喜びや悲しみに気をとられ、神を忘れてしまいます。そうならないように寺院へ行って静かにすわり、エゴをとりさって心の中の声に耳を傾けなければならないのです。神の現前のなかで経験される永遠の喜びにくらべれば、世俗の喜びや悲しみに熱中することなど、とるに足らないものであることを、私たちは何とかして理解しなければなりません。それゆえにもっとも大切なことは神性の現前を感じることであり、まさにそのために私たちは寺院を必要とするのです。

また、寺院は取り引きの場所ではないことを忘れてはなりません。取り引きの場所とは、人びとがきて神への供物をささげ、神職者があらわれて神の仲介者としての役割を演じ、人びとの信仰を私物化して食いものにすることです。それは真の寺院の理念ではありません。私たちはそのような理想からの堕落に用心しなければなりません。寺院とは、信者がジャパや瞑想などをおこなってつつましく祈りの時をすごすところです。富める人が自分のエゴをひけらかす場所でもありません。寺院は富める人、貧しい人、みんなの貢献によってつくられたものです。寺院とはつねに礼拝をささげるための場所なのです。

シュリー・ラーマクリシュナの寺院

私たちはいまラーマクリシュナ寺院の意味について考えています。ラーマクリシュナ寺院はシュリー・ラーマクリシュナへささげられたお寺です。ラーマクリシュナ寺院はシュリー・ラーマクリシュナが述べられた理想、彼の偉大な生涯と教えを通じておしめしになった理想をあらわしています。

シュリー・ラーマクリシュナがおしめしになった放棄の理想と諸宗教の調和とは別に、師は弟子たちに、彼ら自身が霊性の巨人となることを、またすべての人びとのために人生の最高の目標を実地に体現することをお望みになりました。さらに彼は、霊性は個人的な喜びだけのものであってはならないとおっしゃいました。人は自分のためよりも他者のために生き、他者のインスピレーションの源泉となるような霊的生涯をおくらなければなりません。霊性の生活というものは可能なかぎり他者のためのものでなければならないのです。自分自身の魂の救済のみを追求するような自己中心的なものであってはなりません。自分の解脱を願うのはよいことではありますが、他者の解脱を思い願うようでなければ、自身の解脱も不可能でしょう。シュリー・ラーマクリシュナは「私は人類全体の苦しみを取りのぞくことができるまで、くりかえしくりかえし生まれてくる」とおっしゃいました。彼の重要な弟子スワーミー・ヴィヴェーカーナンダも「この世のすべての魂がさとるまでは、そしてさとらなければ、自分の解脱は望まない［1］」と言いました。これはシュリー・ラーマクリシュナが弟子たちにおのこしになった偉大な理想です。このおなじ理想が私たちにもずっと引きつがれています。自分の人生が自分ひとりのためにあるのではなく、世界全体のためにあるのだと感じることは、私たちがシュリー・ラーマクリシュナから学ばなければならない理想です。人生の目的は自分の解脱を得ることだけではなくて、世界全体のすべての人を束縛の根源である無知から解放することなのです。

シュリー・ラーマクリシュナはいまや偉大なる磁石です。あらゆるところで人びとが彼の理想に強く引きつけられています。悲しみや苦しみや争いにみちたこの世界で、人びとが暗やみでもがき、助けを求めていたときに彼が出現なさいました。シュリー・ラーマクリシュナは私たちが人生のさまざまな難問に直面して、苦しみくじけそうになったとき、この世にお生まれになりました。聖典には「悪の力がはびこり、善が悪のいきおいに屈するとき、霊的伝統を新しい時代にもたらすために、神は人間の姿をとって化身する［2］」と述べられています。シュリー・ラーマクリシュナがお生まれになったのは、ちょうどそのような道徳と霊性の役わりが衰退してしまった時期でした。

シュリー・ラーマクリシュナは人間が到達しうる最高の霊的理想を象徴しておられます。人びとは生きた理想を必要とし、シュリー・ラーマクリシュナのなかにそのかんぺきな姿を見たのでした。そのような理想は今日の世界においても必要です。シュリー・ラーマクリシュナにささげられた寺院は、そこをおとずれる信者たちのハートが、彼の理想にささげられることを意味します。現代の人びとにとってもまた未来の人びとにとっても、シュリー・ラーマクリシュナの理想は霊性の力の永続的な源泉です。そのような理想にささげられた寺院はそれを建設した信者たちの集積された信仰をあらわしています。

そのような寺院はどうあるべきか

シュリー・ラーマクリシュナのためにささげられた寺院は、彼がご自身をおささげになった理想によって、信者たちを霊的に高める場所でなければなりません。信者は寺院のシュリー・ラーマクリシュナの聖なる現前のなかで、より高い人生をあゆむよう霊的に鼓舞されなければなりません。シュリー・ラーマクリシュナは「神は特に信者たちのハートのなかにご自身をおあらわしになる［3］」とおっしゃいました。神の寺院の建物の背後にあるものは信者たちの誠実なハートです。自分たちの理想を宿した寺院をもちたいという信者たちの心からの願いによってこれらの寺院はできました。信者たちがともに集まって、みんなでシュリー・ラーマクリシュナに祈りをささげることは大きな霊的感動をよびおこします。そのようなときには霊的に高揚した雰囲気がかもしだされます。シュリー・ラーマクリシュナが生きてここにおいでになるという雰囲気が生まれるのです。私たちの寺院はインド中にあります。なかには管理が行きとどかないまま荒れているものもたくさんあります。たぶんそれらの寺院は、しばらくのあいだはインスピレーションの源であったのでしょうが、霊的習慣が失われたときに荒廃したのです。そのような荒廃した寺院は何の役にもたちません。これは私たちがそうならないようにしっかり気をつけていなければならないことです。シュリー・ラーマクリシュナにささげられた寺院は、どこからきた信者にとっても、つねに神聖なインスピレーションにみちた場所でなければなりません。そこで彼らがシュリー・ラーマクリシュナの神聖な現前に浸り、平安と喜びを感じなければなりません。シュリー・ラーマクリシュナの信者たちは、このような考えをもって、毎日あるいは可能なかぎり、個人でも集団ででも、寺院へきて主に祈りをささげなければなりません。もっともっと力強く霊性を育てましょう。そうすれば霊的波動は、おさえきれないほどまで高揚するでしょう。寺院のすべての石が信者たちのインスピレーションの源とならねばなりません。それはすべての熱心な信者たちの団結した力によってのみ達成されるものです。

寺院は人びとを引き寄せることによって有名になりますが、それは背後に霊的習慣が存在してはじめて可能なことです。ここラーマクリシュナ寺院では、人びとが自分を霊的に高め、ハートを霊的インスピレーションによってみたすという、ただ一つの目的だけをもって、訪れるようでなければなりません。この場所を、信者たちが信仰深い心と、謙虚さと、ここで祈るのだという思いをもって瞑想のためにすわる、静かで平安にみちた場所にしようではありませんか。ここへきてすわる他の信者たちにいかなる迷惑もかけることがないよう気をつけなければなりません。祈りは他の人の迷惑にならないようにささげなさい。そうすることで、ここに来るすべての人が、求めている平安を見いだすことができるのです。それは人びとを一つに結びつける平和、神への愛、人生の最高の目標、つまり神のさとりにいたりたいという強い思いから生じる平安です。私たちが神への愛をもつと、神はすべての人びとに開かれているハートを通してご自身をあらわして、人びとの苦しみをいやし、人びとが悪い性質から抜け出すのを助けてくださいます。シュリー・ラーマクリシュナはそのような理想の象徴です。

私たちがそのような理想に到達することをシュリー・ラーマクリシュナがお助けくださいますように。彼の生涯の目的であった世界の偉大な再生を成就するための彼の御手の道具として、私たちをふさわしくしてくださいますように。

［1］"The Complete Works of Swami Vivekananda (Calcutta: Advaita Ashrama, 1979)", Vol .5, p137.

［2］『バガヴァッド・ギーター』四・七。

［3］『ラーマクリシュナの福音』協会訳、二〇一四年、六八頁。

第九章　放棄の重要性

サンニャーサの理想

放棄の生活は、非常に重要なこととして聖典で強調されています。それは至高のゴールに至るための、霊性の道における努力の到達点であると考えられています。しかしサンニャーサという言葉で知られる「すべての放棄」は人によって異なった解釈がされています。ヴェーダの聖典にはブラフマチャーリヤ、グリハスタ、ヴァーナプラスタ、サンニャーサという四つのアシュラマすなわち人生の段階が述べられています。最後の四番目が最高の段階と見なされています。さらにサンニャーサは霊性のさとりの境地（vidat sannyasa）としても理解されてきました。高いさとりの境地に到達すると、人は特有の行動をとるようになります。これはサンニャーサの境地と見なされて、聖典の命令にしたがって生きる人生の第四段階であるサンニャーサ・アシュラマとは区別されます。サンニャーサの境地へは、四つのどのアシュラマにあっても、到達することが可能です。ギーターはサンニャーサについて「願望成就のための行為をすべて捨てること、それを聖者たちは放棄と見なす［1］」と述べています。私たちはエゴが除かれないかぎり、また自分自身を肉体であると考え、他者から区切られた個であると考えているかぎり、自己の意味をせまく限定します。このせまい考え方が、あらゆることを自分の利益のためにするように、利己的な行為に私たちをかりたてているのです。このようなせまい自己中心的な考え方を放棄することがサンニャーサと呼ばれるものです。

放棄と行為

サンニャーサとは、ただすべての行為を放棄するということではありません。そんなことは不可能です。シュリー・クリシュナはギーターのなかで「実に一瞬たりとも、いかなる行為もしないでいられる者はない［2］」と述べておられます。私たちは肉体を持っています。そしてそれを維持するために働かなくてはなりません。シャンカラの説によれば、たとえあなたが何もしないで静かにすわっていたとしても、あなたは完全な無活動の状態にあるわけではありません。自分はいかなる行動もしないでただ静かにすわっていると考えること、そのこと自体が行為なのです。私たちは自己を肉体と同一視しています。そのため、肉体が活動していないという状態を、いかなる置き重ねにも影響されない真の自己の上に置き重ねているのです。だから、静かにすわっているときにあなたは「私は活動していない、私は何もしていない」と、まるで放棄を成就したかのように言うかもしれません。しかしシャンカラは、「それは成就ではない。あなたは思い違いをしているだけだ［3］」とはっきり述べています。

たとえ一瞬たりとも人は何の行為もしないでいることはできないので、肉体的にも精神的にも活動しないというだけで、無活動（naiskarmya）の状態に達することはありません。自分が静かであるとか無活動であると考えること自体、肉体状態をいかなる状態とも無関係な自己と同一視するということ、一つの活動なのです。これは私たちが理解しなければならないポイントです。残念なことですが、サンニャーサの意味に関する私たちの誤った概念、そして聖典の意味をそのように誤解してきたことは私たちに責任があります。おそらく、何世紀にもわたって私たちはこの誤った概念を心に抱いてきたのです。シュリー・ラーマクリシュナがおっしゃったように、ギーターの究極の教えとは放棄（ティヤーガ tyaga）です［4］。何の放棄でしょうか。それは単に活動の放棄のみを意味しているのではありません。活動の放棄は不可能であり、また望ましいことでもないからです。私たちはすべての活動をあきらめるべきではないし、逆に特定のことがらを目的もなくおこなって、自分は活動的だと言うべきでもありません。それにもかかわらず、シュリー・ラーマクリシュナは放棄なしには何も得られないことを強調しておられます［5］。放棄は家住者にとっても出家者にとってももっとも重要な修行です。

では、あらゆるものを放棄したサンニャーシンと呼ばれる人びとが真にすべての活動を放棄しているかどうか考えてみましょう。私たちはすべての活動から遠ざかっていることを時として誇ることがあります。それが望ましいことでしょうか。それは何か特別の成就を意味するでしょうか。

ヴェーダや他の聖典はこの点において誤解されています。かつてヴェーダは、無限の喜びや永遠の幸福を得る手段として、手のこんだ犠牲供養（ヤジュナ）や苦行を、人びとの理想にかかげ、その実行を命じていると考えられていました。しかし、ギーターにはヴェーダについてのそのような考え方を完全に否定している章句があります。現世あるいは来世において人生の楽しみを得るために、ヴェーダに述べられている儀式をおこなうという誤った概念は、シュリー・クリシュナによって非難されています。彼によれば、このような思い違いをしている人びとは聖典の真の意味を理解していないのです［6］。アルジュナは、戦争と破壊という残酷な行為によってもたらされる罪のために、自分が霊的な生き方からそれてしまうのではないかと心配しました。シュリー・クリシュナは、善悪はその行為にではなく行為の背後にある動機によるのだ、と注意深く説明しておられます。もしあなたが何ら利己的な動機を持たずに、義務の意識からものごとをおこなうのであれば、あなたの行為はけっして罪深いものにはならないでしょう。

ヴェーダーンタの誤った理解

私たちが自分自身を限定された存在であると考えて、利己的な欲望のために働くのは、自分自身を骨と肉から成る物質としてのこの肉体であると見なすからこそなのです。しかし人が啓発されて真の知識を得ると、自分自身をかぎられた肉体であると思うことをやめ、彼の真の自己を肉体とは切り離された普遍の自己であると見なすようになります。これこそまさにサンニャーサについてのギーターの教えです。サンニャーサは人間としての義務を回避することではありません。それは何もしないでただすわっていることではないのです。それではいかなるゴールにも到達することはできません。だからギーターは、正しい精神で行われる行為を支持し、無活動を支持しないのです。スワーミー・ヴィヴェーカーナンダは「ギーターは真剣な活動のまっただなかでの、強烈な静けさを説いている」と言いました。そしてそれを〝実践的ヴェーダーンタ〟と呼びました。ヴェーダーンタはもちろん、わが国で太古の昔から説かれてきたものです。インドでは教育を受けていない一般の人びとでさえも、自然にヴェーダーンタのすばらしい思想を学び、身につけています。ヴェーダーンタはインドの空気の中にあるようなものです。しかし私たちはヴェーダーンタの中核にある教えをわすれてしまったり、それらに誤った解釈をつけたりしています。このような世間一般に誤解されたヴェーダーンタは、霊性の進歩にとっては価値がありません。それは私たち自身のためにも、他の人びとのためにもならないでしょう。それは聖典に説かれ、また特にギーターの中で強調されているヴェーダーンタではありません。

ギーターはヴェーダについての最古の解説書です。ギーター以前にはヴェーダの教えをこのように明確に解説したものはありませんでした。ごぞんじのように、そこにはさまざまな種類の犠牲供養や儀式的な修行が書かれています。ヴェーダのかなり多くの部分がそのようなことがらにさかれています。しかし私たちは、そのあちらこちらに、あるいは行間に、人間自身の真の自己に関する知識をもたらす偉大な教えを見いだします。ギーターの中で、ヴェーダのこれらのきわめて重要な教えが、体系化されているのです。人間はアートマンとしての自分の真の性質を知りません。自分自身を単なる肉体であると思い、その外面的な限界をつねに恐れながら行動しています。ギーターの教えは、アルジュナに教えるという形をとりながら、実際には私たちに真の自己の知識を教える、ヴェーダ本来の趣旨を伝えることを意図したものであり、私たちがその趣旨を理解して行動できるように導こうとしているのです。

私たちは大きなことを言い、高尚な理論をかたって満足していますが、その教えを実際の生活上の行為に移すとき、むざんにも失敗してしまいます。ですから、言葉と行為の間の不一致に気をつけなければなりません。人に教えることと実際の行動は一致していなければなりません。ギーターは私たちにこの世でいかに生きるべきかを説いています。ギーターは「カルマ・ヨーガは成功の秘訣《ひけつ》である［7］」と言っています。私たちの行為は、自分をこの世間にしばりつけるのではなく、世俗の束縛から解放するように動機づけられなければなりません。カルマ・ヨーガは私たちに、世俗にまきこまれることなく、束縛から解放されるための働き方を教えています。古代には、もし行為に没頭すれば人はそれにまきこまれ、霊性の道を見うしなってしまうというまちがった信念が、人びとの心を占めていました。ギーターはその誤りを正したのです。今こそ私たちはギーターの教えにしたがわなければなりません。そうすれば、私たちの生き方はおおきく変わり、思考も行為も異なったものとなるでしょう。

スワーミージーの働きの理想

スワーミー・ヴィヴェーカーナンダはギーターの教えをひじょうに重要視して、正しい見方をしめしました。そのようにして古代の真理が、スワーミージーの教えを通じて、新しい力を得たのです。彼の講話にはギーターの主要な教えに関するすばらしい説明と、それらを実際の生活に生かす合理的な方法とが見られます。私たちの知識と行為は現代生活に即したものでなければ無意味です。では、スワーミージーによって合理的に説明されたように、ギーターに教えられている至高の目標達成のために、私たちの全人生とすべての行為をどのように生きればよいのでしょうか。活動の道と放棄の道が異なる二つの道としてではなく、一つのものとして理解されなければならないのです。

世界中をまわり、さまざまな社会とそこでの人びとの行動パターンを見て、スワーミー・ヴィヴェーカーナンダは、西洋の国々の極度に落ち着きのない生活方法は破滅の原因となるであろうという結論に達しました。なぜならば、彼らは行動によって自分たちが何を達成することになるかを深く考えることができないからです。いかなる行為も、実行する前に、その動機と最終的な目標が深く考えられなければなりません。これらの行為を通じて達成しようとしている目標は何か。スワーミージーは私たちに、落ち着きなく無目的に働けと命じたわけではありません。彼はいたるところで、しんけんで熱意に満ちた行動を説きましたが、その行為は、それによって得られる目標の明確な概念を持たずに、体だけ動かせばよいというものではない、と忠告しています。

この現代社会において、そこから逃げ出すことなく、また孤立して生きることなく、しかもヨーギーのように生きるにはどうすればよいか。そのことをスワーミージーは私たちに教えています「あなた方はどこにいようとも、ヨーギーとして生きることができるのです。すべての行為から精神的に離れ、執着せず、いかなる個人的な利益ももとめずに働き、あらゆることを他者のためにおこない、他者を自分とは異なるものと考えないということによって、あらゆる行為をヨーガの実修となすことができるのです。この知識をあなた方の心にしっかりと確立して、すべての人類のために働くならば、あなた方はヨーギーであり、サンニャーシンです。利己的な行為、利己的な動機の放棄がサンニャーサと呼ばれるものです」

単に行為をしていないというだけでは、真の無活動の境地には到達しません。無活動（Nays-karmya）の境地とは、いかなる外的な状況にも影響を受けることのない精神状態を意味します。なすべき働きをどれほどおこなっても変化しない。ただの傍観者であること。それが、私たちが少しずつ理解していかなければならないことです。この漸進的な理解は利己的な動機を持たない行為をすることとよって得ることができます。これが私たちの進むべき第一歩のステップです。私たちは外面的には熱心な活動に没頭していても、内面的にはすべての行為から解放されて無執着でいることができます。これこそスワーミージーが私たちに理解するように、そして世界に伝えるように、とのぞんだことです。

私たちは、スワーミージーの教えをともしびとして、ギーターを読まなければなりません。彼自身のグルであるシュリー・ラーマクリシュナについてスワーミージーは「聖典は彼の人生を参考にして理解されなければならない[8]」と言いました。シュリー・ラーマクリシュナはしばしば深いサマーディに没入なさいましたが、外界意識に目覚めておられる時は、強い熱意をもって、人びとの幸福のためにお働きになりました。彼のエゴは完全にとりのぞかれていました。彼の言葉と行為はすべて人類の幸福のためにありました。これらの理想を心から信じ、そのように生きることによって、私たちが、ギーターのメッセージと、シュリー・ラーマクリシュナおよびスワーミージーの教えを、明確に理解することができますように。

[1]『バガヴァッド・ギーター』一八・二。
[2] 同、三・五。
[3] 同、三・四についてのシャンカラの解説参照。
[4]『ラーマクリシュナの福音』協会訳、二〇一四年、三五頁。

［5］『ラーマクリシュナの福音』協会訳、二〇一四年、三五〇、六七四頁。

［6］『バガヴァッド・ギーター』二・四二～四五。

［7］同、二・五〇。

［8］"The Complete Works of Swami Vivekananda" (Calcutta: Advaita Ashrama, 1986) Vol.7, p.411-12.

第一〇章　神のさとり

神の正しい概念

神という言葉は私たちに、ある理想をしめします。それは私たちが、自分にははっきりとは分からぬ、ある存在が持っている性質のなかで、最高の理想として心に思いうかべることのできるものです。この見方は、ラーマーヌジャの、神の定義に含まれています「神は、善い、そしてめでたいすべての性質をもっておられ、信者が避けるべき性質にはまったくしばられておられない［1］」これは非常に簡潔な定義であって、神を理論化することをあまりこのまない多くの人びとに受け入れられるでしょう。理論はしばしば、私たちの実際の理解とはちがっています。私たちは思索にふけるのを好み、自分にはっきり理解できない言葉を、ただそれらの言葉が経典の中にあるから、または偉い先生方が使っているから、というだけで使いたがります。神についての私たちの概念のほとんどは、このような態度にもとづいています。心が純粋でないため、私たちは真に神を理解することができないのです。私たちが持つことのできるもっとも簡単な神の観念は、神は完全なきよらかさの権化だ、というものです。けれども私たち自身が純粋でないために、完全なきよらかさとは実はどんなものか、ということがはっきりとは理解できません。しかしその理想にしたがっていくにつれて、私たちは一歩一歩、純粋になっていきます。イエスが聖書の中で「それゆえあなたがたは、天の父が完全であられるように完全であれ［2］」そして「心のきよいものは幸いである、その人は神を見るから［3］」と言われたのと同じです。私たちは自分自身の中に最大限の神的性質を持たなければなりません。そのときはじめて、神を完全にさとることができるのです。

神のさとりとは何か

これは私たちを、次の疑問にみちびきます「神のさとりとは何か」その答えは、私たちの内に神的な性質があらわれた度合いに応じて、神は私たちにとってリアルなものとなる、というものです。すなわち、神をさとっただけ、私たちは神のようになるのです。彼の方に進めば進むほど、私たちは自分の心にその理想を吸収し、完全にきよらかな状態に達したときには、自分の個体性、自分の限界を失って彼とひとつになります。完全なさとりとは、神性と完全にひとつになること、すなわち、神から離れているという感じがなくなることなのです。これが、不二一元論的な意味での、神のさとりです。けれども、他にもさまざまな体系があって、そこでは神の体験が別の形で理解されています。個人（ジーヴァ）と神とが完全に同一のものになることを信じない二元論者たちがいます。しかし、神のさとりをめざして進めば進むほど私たちはより神のようになる、という事実については、すべての宗派が一致しています。

神のさとりとは、見るものと見られるものとがひとつになる、存在すべての究極の原理の直観的な経験を意味します。それはただ単に、さまざまな神の姿のヴィジョンを見たり、人びとによってさまざまに語られるであろう高揚感を経験することなのではありません。個別の自己が絶対者に完全に没入すること――それが、シュリー・ラーマクリシュナの言われる神のさとりなのです。それはウパニシャドにみごとに描写されています「清らかな水が、一面の清らかな水面に落ちてそれと一つになるのと同様に、神をさとった瞑想者の自己もまた、そのようになる［4］」すなわちその状態においては、個人はもはや個体であることをやめるのです。彼は失われるのではありません。むしろ彼は霊的進化の最高の完成に達し、絶対者それ自身になります。この合一の体験が、神のさとりの真の意味です。けれども霊性のさとりには、他のさまざまな形があり、シュリー・ラーマクリシュナはそのすべてを受け入れておられます。

さらに、道を進むにつれて、私たちの神についての概念も前進します。霊的に進化すると、それに並行して私たちの霊的生活の究極目標の概念もまた、進化するのです。霊性の生活のなかで自分自身が成長しなければ、理想としての神を正しく理解することはできませんし、その理想を完全にさとることもできません。その理想に向かって進めば進むほど、神という言葉についての私たちの理解もさらにはっきりしてくるのです。

目標を理解する

究極の実在の正しい概念をもつことは、私たちが「それ」に極度に近づくか、または「それ」とひとつにならないかぎり不可能です。私はある人を、自分と彼との間に共通の観念を経験した分だけ、理解します。それ以外にその人を完全に理解する、ということはできません。そしてたがいに近づいたその分だけ、私たちはたがいを理解します。神は、私たちのかぎられた、不純な個人性とは実にかけ離れているので、私たちは自分の限界を超えて自分の中に経験する不純物をとり除くまで、彼の正しい観念をもつことはできないのです。

自分には限界があり、自分は不純であるということ、自分は苦しみに悩まされているということ、自分の喜びははかないものだということ――これらすべては、毎日の生活の中で経験されています。人生のあらゆる瞬間に、私たちはそれらを経験しています。しかし同時に私たちは、人生は現在のそれよりも高く、よりすぐれ、より高貴で純粋になり得る、という直観的な観念をもっています。自分が持つ限界や不完全さに苦しんでいない、自分よりすぐれた、ある「存在」があるにちがいいない、という感じを私たちの内部に生みだすのは、この観念なのです。その、完全で無限の存在が私たちの目標です。なぜなら私たちはみな、自分の限界を超えたいと思っているのですから。私たちはつねに自分の限界に、不完全であるという感じに、苦しんでおり、それらを超えようとしているも苦闘しています。神を信じていてもいなくても、自分の限界を超えようとするこの衝動は、私たちをつねに前進させる基本的な衝動です。無神論者でさえもこの衝動はもっており、それゆえに彼もまた、さしあたり可能な方法によって自分を向上させようと努力します。限界を超えようとするこの衝動はすべての人に共通するものであって、あの神性の成就を自分の努力目標にするとき、私たちは宗教的であると言われるのです。そして神的理想を自分の中に吸収し、その理想を鋳型として自分の意識を形づくることができた度合いに応じて、私たちは霊的に進歩していると言えるでしょう。この理解は、どんな特定の理論にも体系にも限定はされません。非二元論者も二元論者も、ともにこれを受け入れます。各人の内部を支配する傾向性に応じて、さまざまの見解が生じるのはただ、どのようにして自分の限界をこえて神に近づくか、という方法に関してだけなのです。

渇仰心の力

シュリー・ラーマクリシュナが強調なさった二番目の要点は、霊的生命へのヴィヤクラター（あこがれ）の大切さでした[5]。神のさとりは、ただある特定の道にしたがうことによってではなく、神への強烈な渇仰心によって起こるという事実を、師は強調なさいました。これは、師ご自身の経験から出たものです。師がサーダナーを始められたときには、彼はどのような修行体系にもしばられませんでした。師はただご自分のハートのなかの神へのあこがれ、その渇仰心の強烈さによって無知のヴェールを破り、母なる神のヴィジョンを得られたのです。師はそのご経験から、神のさとりを得るにはただあこがれること、神を切望することだけで充分である――もしその思いが強烈であるなら――という結論にいたられたのです。師は、母親のところへ行きたがる子供の欲求を例に出されます［6］。子供が遊ぶことにあきたら、母親を求めて泣きます。そうなったら、他のものは何もその子を満足させられません。私たちはそのような神への渇仰心を感じなければなりません。そのように感じたら、もう神なしでは生きられません。それではじめて、私たちは神のさとりを得られるのです。どのように探求するか、どの道にしたがうか、ということは問題ではありません。強烈な渇仰心をもてば、私たちは成功するのです。

意識の変容

人間の限界は人間の中に本当にあるわけではない、と考える人びとがいます。彼らは、自分たちは自分自身についての一種の誤解によって苦しんでいる、すなわち、いわば悪夢によって苦しんでいるのだと考えようとします。この識別、自己分析の過程を通して、彼らはその夢からさめようとします。これがギャーナの道です。またある人びとは、究極の実在を、祈りを聞きとどけてくださる至高の人格とみなし、彼の恩寵によってすべての苦しみと限界に打ち勝ち、ただ主のみによって意識が満たされる境地に達することができる、と信じています。これが帰依、すなわちバクティの道です。さらにヨーガの道があって、それは、人は絶対者にたどり着くためには、自己の力を強化しなければならない、と主張します。カルマの道とよばれる四番目の道も、同じ目標に達することをめざしますが、それにともなう過程は異なっています。伝統的な意味では、カルマ・ヨーガはヴェーダに規定された儀式や供養を行うことです。しかし広い意味では、それはすべての活動を含み、それにともなう根本の作用は、心を利己性から解放することです。無私のはたらきによって自分を変え、そして完全に無私になったとき、理想の性質を得るのです。それから、瞑想の道があります。もちろん瞑想は、帰依の道にも知識の道にも共通します。しかし信仰者は、意識的に自分を、崇拝する神的人格の性質に変えようとするわけではありません。変容は、それを求めていなくてもやってくるのです。それでも、神のことを思えば思うほど、人は神のようになります。シャンカラはウパーサナー（瞑想）という言葉を「ウパガミャ・アーサナム、チンタナム」すなわち「理想に近づくこと、いつもそれを思うこと［7］」と説明しています。心の中でその理想に近づくにつれて、私たちはその理想に変容します。どのくらいの期間、ウパーサナーを行わなければならないのでしょうか。私たちがその理想に変容するまでは、それを行わなければなりません。宗教は単なる思索ではなく、であること、になること、なのです。心にいだく理想の状態がどのようなものであれ、私たちは自分をその理想の状態に変えていくのです。

いままで話したことから、神をさとるためにはいくつかの道があるように見えますが、それによっておこる根本の作用はみな同じ、すなわち人の意識を変容させて、その限界を超えさせることだ、ということがはっきりしました。神をさとろうとする努力は太古の昔から続いており、人びとはそれを合理的な方法で考えはじめました。しだいに、さまざまな霊的修行の体系があらわれましたが、それらはみな同じ基盤を共有しています。これが、シュリー・ラーマクリシュナが近代世界にもたらされた洞察です。

道——強調点のちがい

シュリー・ラーマクリシュナは「自分は他のだれも考えたことのない新しいメッセージを持っている」とおっしゃったわけではありません。彼はただ、ある基本的な霊的態度を特別に強調しようとなさっただけです。シュリー・ラーマクリシュナは、神のさとりにいたるための、ある手段を強調なさいました。シュリー・ラーマクリシュナと彼の先達《せんだつ》たちとのちがいはただ、師が霊的生活のある特定の面を強調された、そのなさり方にあります。実際のところ、あるのは唯一の永遠の道だけです。シュリー・クリシュナがアルジュナに「あなたにいま授けたヨーガは、太古のものだ〔8〕」とおっしゃったように、シュリー・クリシュナも、最初のヨーガの師ではありません。それはもっと前の時代に、他の多くの人びとによって教えられたのです。歴史上それぞれの時代に、偉大な霊的指導者があらわれて、霊性の探求、一定の理想、態度、信仰および、その時代の人びとに適した実践の方法について、だいじなことを彼らに思い起こさせました。このために、偉大な宗教的指導者たちの教えはたがいに異なっているのです。それらが異なっているのはただ、霊的生活の一面を強調するからにすぎません。その他は、たとえさまざまの名前で知られていようとも、それぞれの道は結局のところだいたい同じであることがわかります。シュリー・クリシュナと同じように、シュリー・ラーマクリシュナもまた、新しい道を発見したとはおっしゃいませんでした。世界の師として、シュリー・ラーマクリシュナは、同じ永遠の真理をお教えになり、ただその真理のなかで、いまの時代に特に必要な、ある面を強調なさったのです。

この話の中では、私たちは霊的生活の実践の方法だけをとり上げています。「実践的」という言葉は大切です、というのは、理論的な思索には限度がなく、ときどきそれは私たちの現実の生活とのつながりを失ってしまうかもしれないからです。思索だけでは、どこにもたどり着きません。思索が実を結ぶのは、それが道徳的霊的修行に基づいているときだけです。

祈ること、思索しないこと

私たちの心にはさまざまな性向があります。ですから、神性についての私たちの概念、その神性にたどりつくためにとるべき道は、多様性に富んでいるにちがいないのです。各人の霊的成長は、その人固有の傾向にしたがっておこります。多くの人びとが実在について考えるとき、彼らの考え方にはとうぜん、いくつかの共通点があるでしょう。このような類似性は、いくつかのグループ、すなわち哲学体系に分類できます。宗派というのは、このような分類にもとづいているのです。

さて、シュリー・ラーマクリシュナによれば、霊性の理解のこのような多様性が、混乱のもとになることはあり得ません。師は思索ではなく、実生活を強調なさいました。彼は人びとに「ご自身をあらわしてください」と神に祈れとおっしゃいました「ただ推理するだけで何が得られるか。神を求めて、落ち着かなくなれ、彼を愛することを学びなさい……いくら推理や議論にふけっても、もし神を切望し、愛するのでなければ、すべては無駄である［9］」とシュリー・ラーマクリシュナは言われます。祈るためには、神についての複雑な形而上学《けいじじょうがく》的概念や、それが真理であることの合理的な証拠をもつ必要はありません。あなたの神の概念がどのようなものであろうとも、全身全霊で祈るなら、彼はあなたにご自身をあらわしてくださる――シュリー・ラーマクリシュナはこのことを私たちに保証してくださいました。さまざまな哲学的な考え方があることや、信者たちがたえず仲たがいをしている多くの宗派があることで混乱する必要はない、というお言葉はほんとうに実際的です。彼らは、自分たちが所属する組織や宗派だけが完全であって、他の組織や宗派は不完全であるとかまちがっている、と考えがちです。各人は、まずはじめに自分自身の道にしたがって、真理をさとるべきです。シュリー・ラーマクリシュナによれば、人には、自分自身が歩んだこともない他の道に対して判断を下す権利はありません。他の人びとの考え方や彼らの体系を試していないのに、さらに自分自身の道さえもじゅうぶんに試しているわけではないのに、他人の道に対して判断を下す権利はないのです！

多様の中の単一

宗教について人びとが議論するのを聞くとき、他の人が言うことを理解せずに、あるいは理解しようとすらせずに、それぞれがその人独自の理想や思想傾向を主張していることがよくあります。それは私たちすべてが悩まされている独断的な態度です。師は実際、シュリー・ラーマクリシュナは、このような独断主義に致命的な一撃を加えられました。こうおっしゃいました「自分自身の道さえはっきりとは分かっていないのに、他の道の真偽をどうして語ることなどできるのか！［10］」そう、私たちはもっと謙虚にならなければなりません。神にかかわること、超自然的なことについて語るときには特に気をつける必要があります。シュリー・ラーマクリシュナはよく、世間の人びとの神についてのおしゃべりを、おとなのまねをして「神の御名にかけて」などと言っている子供たちの誓いにくらべていらっしゃいます［11］。

しかし、一つ注意しなければならないだいじなことがあります。シュリー・ラーマクリシュナは、ただ「他者の信仰をうやまえ」と人びとに忠告なさったのではありません。彼は、みずからそれを実践なさいました。彼はみずからのご経験のうえに立って、すべての道は同一の目標に至る、と言うことがおできになったのです。この言葉そのものは、これがはじめてのものではありません。

この思想はシュリー・ラーマクリシュナよりも前に、幾人かのインドの霊性の師たちによって、言われてきました。リグ・ヴェーダに「真理は一つ、聖者たちはそれをさまざまの名で呼ぶ［12］」と言われています。またブリハッダーランニャカ・ウパニシャドには「すべての水は、究極的には、かの一つの目標、大洋にいたる［13］」と書かれています。シュリー・ラーマクリシュナの独自性は、ご自身の修行、ご自身の実際の宗教体験によってこの事実を実証されたところにあるのです。世界の宗教史上、シュリー・ラーマクリシュナがなさったように、さまざまな道を実際に体験なさった人には、出会ったことがありません。

儀式の地位

シュリー・ラーマクリシュナが強調された、さらに実践的なポイントは、儀式は不可欠なものではない、ということでした［14］。師ご自身は、あらゆる種類の儀式を経験してこられました。しかし、彼は、それらの儀式は無用だ、とはおっしゃらなかったものの、信者たちにはけっしてそれらを強制はなさいませんでした。儀式は、霊的生活の初めの段階では本当に価値をもっていますが、かならずしもそれに固執すべきではありません。すべての人が、それを超える努力をすべきです。儀式は、神の探求者にとって理想でも目標でもありません。それらは、より高いさとりにいたる予備の段階にすぎないのです。

ティヤーガ（放棄）、絶対に必要なもの

シュリー・ラーマクリシュナが強調されたもうひとつのポイントは、放棄でした「わが子よ、放棄をしなければ何ひとつ達成できないよ［15］」と、彼はよくおっしゃいました。けれども彼は、神をさとりたいと思うものはみな、世間をすてなければならない、とおっしゃったわけではありません。師によれば、在家の生活も、サンニャーシンの生活と同様、人を神のさとりにみちびくことができます。ラカルの義父があるとき師にたずねました「師よ、在家の生活をしていても神をさとることができるでしょうか」師はほほえんで答えられました「もちろんだ。世間ではドジョウのように生きなさい。ドジョウは泥の中で生活しているが、自分はいつもきれいだ……心は神に集中して、世間での務めを果たしなさい［16］」「放棄」というシュリー・ラーマクリシュナの言葉は、世をすてる、という伝統的な意味に解釈しなくてもいいのです。シュリー・ラーマクリシュナによれば、家住者にとっては、心の中の無執着で充分です。師の助言は「すべての務めを果たせ、ただし心は神にとどめておくこと。妻や子供たち、父親、母親、みなといっしょに暮らせ、そして彼らに奉仕せよ。彼らを、あなたにとって最愛の人びとであるかのように扱え、しかし心の中では、彼らは自分のものではないということを知っていよ。金持ちの家にいる女中は家事の務めをすべてはたすが、彼女はいつも生まれた村の実家のことを思っている。彼女は主人の子供たちを、自分の子供であるかのように育てる。彼らを、『私

のラーマ』、『私のハリ』とさえ呼ぶ。しかし心の内では、彼らが自分のものではないということをよく知っているのだ〔17〕」

放棄とは本来、ある心の状態のことです。もし心が放棄を受け入れなければ、あなたが僧であろうと家住者であろうと、すべての努力は無駄です。しかし、ハートに強烈な放棄の精神を持っていれば、どこにいようと、何をしようと、あなたは心全体を神にささげ、すべての精神的エネルギーを神に集中することができるでしょう。そうなればあなたは確実に目的にたどり着き、外的な活動はそれを邪魔するものにはならないでしょう。

人びとと分かち合う

もう一つ、シュリー・ラーマクリシュナが強調された大切なことは、私たちは自分の魂のうちに神をさとるだけでなく、それを人びとと分かち合うべきだ、というものです。シュリー・ラーマクリシュナはよく、何かおいしい食べものを手に入れたとき、それを自分で食べて、口をぬぐって黙っている人びとがいるとおっしゃいました〔18〕。彼らはそれを、人びとと分かち合いたいとは思いません。シュリー・ラーマクリシュナはそのような態度を非難なさいました。霊性の道で成就した深いさとりは、人びとと分かち合わなければなりません。そのときはじめて、生命は十分に成熟するでしょう。さとりを人びとと分かち合うことによって、人びとが同じ経験に到達するのを助けることによって、私たちの経験はまさに完全なものとして完成するのです。シュリー・ラーマクリシュナご自身は、たいへんに苦労して霊性の思想を人びとの間にひろめ、彼らが最高の目標を追求するのを助けられました。師の前半生が、霊的経験の宝をあつめるのについやされたとすれば、後の半生は、その富を他の人びとと分かち合うためについやされたのです。

もっとも偉大な楽天家

シュリー・ラーマクリシュナは、およそ考え得るもっとも偉大な楽天家であられました。師はけっして、永遠の罪を宣告される人がいる、とは思われませんでした。あらゆる人にいつも希望があります。極悪の罪びとの中にも神が生きておられるのを、シュリー・ラーマクリシュナはご覧になりました。シュリー・ラーマクリシュナは、すべての人が救われるのだという希望を抱いておられました。希望の光のない人、神をさとるみこみのない人は一人もいません。この、人間に対するかぎりない信仰こそ、シュリー・ラーマクリシュナのメッセージのもっとも大きな特徴です。師は希望の預言者、悪に対する善の究極の勝利を預言した、預言者であられました。

シュリー・ラーマクリシュナは、たとえあなたがどこにいても、神聖な魂があなたの内に生き続けており、あなたを通じてみずからをあらわそうとその機会を待っているのだ、という思想を広められました。あなたがたはみな、神の子たちです。それだけではありません、あなた方は、本当は神ご自身なのです。ただ魂をおおっている無知のヴェールが取りはずされなければならないのであって、そうすれば、すぐに内なる光が輝き出るでしょう。一〇〇〇年の間、暗やみに閉ざされていた部屋があるとしましょう。その暗やみを去らせるためには、一本のマッチに火をつければよいのです。同じように、ある人は何年ものあいだ、罪深く見えたかもしれません。しかしそれは問題ではありません。それはただの夢なのです。彼は悪夢を見ているのです。

シュリー・ラーマクリシュナのメッセージはあなたがたに希望とはげまし、そして大いなる霊感をくださるので、あなたはいまの自分の状態にけっして満足しなくなるでしょう。それはあなたに「聖なる不満感」と前進へのあこがれを感じさせます。いまいるところにけっして満足していてはならない、前進せよ、目標にたどり着くまで立ち止まるな、とシュリー・ラーマクリシュナはおっしゃいます。これを説明するために、シュリー・ラーマクリシュナはすばらしいたとえ話をしてくださいました「あるとき、一人の木こりが木を集めるために森に入った。一人のブラフマチャーリが彼にこう言った『前進せよ！』彼はこの命令にしたがって進み、ビャクダンの木を見つけた（それを売って、彼は大金を手に入れた）。二、三日して、彼はもっと進み金鉱を発見した。そして次は、ダイヤモンドと宝石の山を見つけた。こうして彼は大金持ちになった［19］」

霊性の生活には、つきることのない可能性があります。前進すればするほど、私たちの経験はより深くなります。そして経験が深くなればなるほど、問題を解決する能力は大きくなり、私たちは人生により多くの平安と喜びを見いだすようになるでしょう。この霊的探求は、私たちが死ぬまで続けなければなりません。私たちがみずからを「絶対者」の内に完全にとけこませ、きりはなされた個人であることをやめ、すべての限定から解放されたときにはじめて、私たちは目標にたどり着いた、と主張することができるのです。私たちは、その唯一究極の実在、すなわち絶対者に到達しなければなりません。それなしには何ものも存在せず、またそれ以上には何ひとつ得るべきものはないのです。

永遠の前進！

それが、私たちが探さなければならない目標、ふらふらせず、歩をゆるめず、どんな逆境にあってもあきらめることなく追求しつづけなければならない目標です。その究極の経験はどのようなものであれ、それは言葉を超えています。それは実に深く、並はずれているので、言葉によって伝えることはできません。事実、つたえる、という問題はおこりもしないのです。その状態になれば、他の人びとは離れた存在ではなくなるのですから。あなたは全世界になり、その一なる究極実在の、ただ一つのものになるのです。それが、私たちが求めるべき目標です。この目標は、人びとによってさまざまの方法で経験されるでしょう。道のちがいによって混乱してはいけません。経験する心がさまざまなのですから、さまざまの種類の経験があって当然だとお思いなさい。しかしこれらの経験はすべて、あなたを究極の目標、すなわち無限者、絶対の実在・知識・至福、サッチダーナンダのさとりにみちびくためのものです。シュリー・ラーマクリシュナは「世界のあらゆるものが口で汚されてきた、ただブラフマンだけが、このやり方で汚されていない[20]」とよくおっしゃっていました。人びとが自慢する知識はすべて、実はさまざまな種類の無知です。なぜならそれらは、究極の真理には達していないのですから。真の知識とは、私たちと究極の実在との間のすべての区別をとりのぞくものです。

［1］ラーマーヌジャ
अशेषकल्याणगुणसमग्र: निखिलहेयगुणवर्जित: ।

［2］『聖書、マタイ』五・四八。

［3］同、五・八。

［4］『カタ・ウパニシャド』二・四・一五。

［5］『ラーマクリシュナの福音』協会訳、二〇一四年、一七〇頁、四三六～四三七頁他。

［6］同、三〇五頁。

［7］シャンカラ『ブリハッダーランニャカ・ウパニシャド』一・三・九。

［8］『バガヴァッド・ギーター』四・三。

〔9〕『ラーマクリシュナの福音』協会訳、二〇一四年、六二九頁、一六二頁他。
〔10〕同、九七頁、六一二頁。
〔11〕同、二二一頁。
〔12〕『リグ・ヴェーダ』一・一六四・四六。
〔13〕『ブリハッダーランニャカ・ウパニシャド』二・四・一。
〔14〕『ラーマクリシュナの福音』協会訳、二〇一四年、四五五頁、五九八頁〜五九九頁。
〔15〕同、三五四頁、四九八頁。
〔16〕同、一九八頁。
〔17〕同、一六二頁、四四五頁〜四四六頁。
〔18〕同、四九七頁。
〔19〕同、四一頁、四四二頁。
〔20〕同、三三頁、一六五頁、三一一頁。

第一一章　奉仕の理想とラーマクリシュナ僧団

あらゆる苦しみの根源

ナーラダは広大な学識を持った人でした。彼はさらなる啓発を求めてシャナトクマーラのところへ行きました。彼の学識のすべてをもってしても、ナーラダは苦しみから解放されていなかったのです。そこで彼は苦しみから解放される方法を教えてください、とシャナトクマーラに祈りました。シャナトクマーラは、ナーラダをさらに深く導くために、これまでに学んだことを告げるよう言いました。ナーラダはすべてのヴェーダと、その当時存在していたヴェーダーンガ（ヴェーダの補助的な教え）を学んだことを告げました。それでも彼は自分の知識は不完全だと感じていたのです。ナーラダは「私はただ言葉に精通しているだけです。師よ、私は自分自身について知りません。自己を知っている者はすべての苦しみから解放されます。どうぞ私にアートマンについて教えてください。そして苦しみの大海を超えさせてください［1］」と言いました。

私たちはみな苦しみから解放されたいとねがっています。だれもが知っているように、私たちはさまざまな苦しみ——肉体的・精神的・霊的な苦しみをかかえています。これらすべての苦しみは、一言でいえば無知、すなわち真の自己に対する無知からくるものです。私たちは、自分の本質が何であるかを知らないし、自分の周囲にある感覚のあるものないものと、どのようにかかわりあっているかわかっていません。あらゆる困難や苦労は私たちの無知にあるのです。この無知をとりのぞくことが究極の目標です。私たちは自分自身の魂の救済を獲得し、また果てしない苦しみの元であるこの無知からの解放に到達しなければなりません。そして他の人びとがこの道を歩むのを助けなければなりません。

考える能力をそなえた人は、その誕生の瞬間から、すべての苦しみをとりのぞく方法を見つけ、人生の究極の目標である苦しみからの解放の境地に到達しようと努力しています。その努力は今現在も続けられており、私たちはときどき立ち止まっては、どれくらい進歩したか確かめるためにふりかえります。しかし進歩は時間の経過にしたがって計画されているものではありません。それは獲得した平安と幸福の量によってのみ計られます。だから私たちは、ふりかえるときに、その進歩の遅さに気づいてガッカリすることがよくあります。さまざまな分野における科学や社会知識のすさまじい発展に反して、霊性の分野ではその多くが手つかずのままに残されています。私たちは長い道のりを忍耐づよく歩まなければならないのです。

人びとはみな、この霊性の分野における人類の正しい進歩のために貢献すべきであることを自覚していなければなりません。これは覚えているべきポイントです。みなが、その目標に近づくことができるよう、しんけんに努力しなければなりません。孤立していてはなにごとも成就されません。孤立した個人であるとか、自分は外界とは無関係だと自分に感じさせている無知から、みずからを解放しなければなりません。これは私たちがおかす最初のまちがいです。私たちは、あらゆる人びとと同じように、他者の幸福にかかわっています。すべての人が自分の一部なのですから。だれかが暗闇にとじこめられたり、悲惨や無知に苦しんでいるとしたら、苦しんでいるのは私自身なのです。それだから、私たちは他者に奉仕しなければならないのです。

他者への奉仕の必要性

社会生活で奉仕はひじょうに大切な要因です。私たちはまわりにいる人びとにまったく頼ることなく、孤立して生きることはできません。このような助け合いの心が社会生活の意義なのです。人は自分自身を成長させるために他者に奉仕をする必要があり、また他者を高めるために奉仕をするのです。世界は奉仕を必要としています。人類への奉仕に関するかぎり、地域や種類に限定はありません。

ウパニシャドは、「自己を知る者はすべての苦しみから解放される［2］」と宣言しています。アートマンは根源であり、原因であり、究極の原理であり、この世界はアートマンの外面的な表れです。それが私たち自身と宇宙との関係です。このことは明確に理解されなければなりません。シュリー・

ラーマクリシュナは単なる思索家ではありません。彼はあらゆることを、自分自身で見、そして経験しようとなさいました。彼はこの世のすべてがアートマンのあらわれであるということを、ウパニシャドやヴェーダのような聖典から引用なさったのではありません。それは、彼が人生の中でひじょうな努力をもって体得された直接の経験なのです。彼は、自己と全宇宙が一体であるという偉大な真理を実際に体験なさいました。彼の生涯にはこの真理に関する多くの例があります。あるときシュリー・ラーマクリシュナがガンガーの岸辺に立っておられました。二人の船頭がガンガーを行く船の上で口論し、ひとりが相手をなぐりました。それを見ておられたシュリー・ラーマクリシュナはひどい痛みを感じ、彼の背中には、なぐられた跡がはっきりと残されていました。また、ある男が緑の草原を靴をはいて歩いていました。シュリー・ラーマクリシュナはそれをごらんになって、その男が自分の胸の上を歩いているような痛みをお感じになりました［3］。そしてその男の靴の跡が彼の胸の上に見られたのです。このように宇宙の万物との一体性をじかに経験なさったのです。シュリー・ラーマクリシュナは、神があらゆるものの中に現存しておられることをつねに感じておられました。「神とは目を閉じたときにだけ見える存在かね。目を開けたら見えなくなるものかね」と彼はおっしゃいました［4］。彼はあらゆるところに神のあらわれをごらんになりましたが、とくに人間のなかに、その最高のあらわれを見ておられました。

神性は、他のものにあらわれるときよりもはるかに明らかに、人間のなかに、特にきわだってあられています。だからシュリー・ラーマクリシュナは「石や木などで作られた神像として神が礼拝されるのなら、人間のなかにこれほど目立つ形であらわれておられる神が礼拝されないということがあろうか」とおっしゃったのです。後にスワーミー・ヴィヴェーカーナンダがラーマクリシュナ僧団の理念として「自己の解放と世界の幸福のために［5］」という言葉をかかげられたのは、シュリー・ラーマクリシュナがおっしゃったこのような思想からきているのです。シュリー・ラーマクリシュナがさとられた、この全宇宙との一体性を私たち一人一人が理解しなければなりません。そのときはじめて真の奉仕（セヴァ）が可能になるのです。それはどうやってなされるでしょうか。そ自己あるいはアートマンという普遍的存在に意識を向けることによって可能になるのです。

いかに奉仕するか

スワーミー・ヴィヴェーカーナンダは「腹をすかせている人に宗教を説くことはできない［6］」と言いました。人は空腹では霊的真理を理解することはできません。まず肉体的欲求が満たされなければなりません。それから心理的・知的欲求がついてきます。それらが満たされたときはじめて彼は霊的なことがらを学ぶことができるようになります。人が肉体的な援助を求めているときには物質で奉仕するのです。知的成長を求めているなら教育と知識を提供しなさい。そして人が霊的な助けを必要としているならば、霊性の思想をあたえなさい。物質的にも精神的にもあらゆる方法で、人びとが恩恵を受けることができる方法が考えられるべきです。人びとは生活の基礎となるよりよい教育、よりよい食べ物、よりよい衣服、よりよい住居、よりよい社会構造を得る必要があります。その後、あらゆるものの根源である霊的な啓発を得るべきです。そのなかでは霊的な啓発がいちばん大切です。霊的啓発とは人類全体の向上を意味します。そしてこれはスワーミージーが、私たちの人生の基礎としてまた最高の奉仕として望まれたことであり、彼がシュリー・ラーマクリシュナから学んだことなのです。

シュリー・ラーマクリシュナは「われわれが人に奉仕するときには、その人を神ご自身の代理人だと思わなければならない[7]」とおっしゃいました。このような気持ちで人びとに奉仕するなら、けっしてエゴがあらわれることはないでしょう。奉仕する相手よりも自分の方がまさっていると思うこともないでしょう。私たちは礼拝者の役割を演じなければなりません。そして礼拝がささげられる人びとは、らい病患者の姿をとった神として、こじきの姿をとった神として、病人の姿をとった神として尊敬されるべきです。あらゆる所においてこの精神が生かされなければなりません。奉仕する相手を見くだしてはなりません。私たちはみなひとつの存在に属しています。たとえだれかに欠点を見つけても、彼と私は一体なのだから、彼を差別してはなりません。悪があるところをすべて善に変えるのが私たちの義務です。すべての人びとを真に神性のあらわれと見なし、まさにその精神によって働かなければなりません。そのようにして奉仕をおこなうなら、傲慢とかうぬぼれという落とし穴に落ちずにすみます。それは、宗教性と世俗性、神と世間の違いのない、至高のゴールへと私たちを導いてくれるでしょう。それらは一つの実在に融合し、全世界は神性のあらわれとなるでしょう。これが、ウパニシャド〔8〕に説かれた偉大な思想です。さしせまった絶滅の危機から人類を救うことのできるこの唯一の教えを、全世界が必要としています。私たちはこの理想をもとにして人生を生きなければなりません。そして人類の完全なる解放という方向へむかって前進し、霊性と物質性が一つの真理にとけあった世界の再建をなしとげなければなりません。

シュリー・ラーマクリシュナと僧団

ラーマクリシュナ運動という言葉の中の「運動（ムーブメント）」は誤ってとられがちです。運動にはとても多くの種類があり、最近ではあまりにもさまざまな運動があるので聞き飽きている状態です。そのほとんどは政治的なものですが、ラーマクリシュナ運動は政治とは何の関係もありません。この運動はラーマクリシュナ・ヴィヴェーカーナンダ思想の普及のためのものです。一般的にラーマクリシュナとヴィヴェーカーナンダという名前は両者がまったく異質の人格というわけではないので、いっしょに使われています。

シュリー・ラーマクリシュナは偉大な霊性の指導者です。人びとは彼にさまざまな名前と称号をつけます。彼は聖者だと言う人もいれば、悟った魂だと言う人もいますし、さらに神の化身（アヴァターラ）と呼ぶ人もいます。彼は、格段に進化した社会へ人類を一歩ずつ前進させる推進力となる霊的思想をユニークな方法で世界に広めた人として、広く理解されています。シュリー・ラーマクリシュナの思想の根源は完全に霊的ですが、それは限定的な意味で霊的というのではありません。シュリー・ラーマクリシュナがおっしゃる神は、あらゆるものを包含する存在、つまり私たちが経験する宇宙と同様に、私たちの理解を超えた宇宙をも含む全体を意味しているのです。彼はあらゆる所、あらゆる物の中に、神を見、あらゆる行為の中に神の意志を見られました。彼は、あらゆる存在は同一の実在であることを理解しておられました。神はあらゆるものの中にあり、あらゆる所に存在する。犯罪者の中にも、災難に苦しむ人の中にも、また死やその他の人生のすべての行為の中にも存在する、というのが彼の悟りでした。彼はこの国のためだけに出現されたのではありません。彼は、現代の生活にはびこった物質主義の目標を変え、内的にあるいは外的に神を求める新しい生き方を世界に示すために、出現なさったのです。

シュリー・ラーマクリシュナの思想は、後に彼の一番弟子スワーミー・ヴィヴェーカーナンダによってしあげられ、広められ、さらにその後、ラーマクリシュナ僧団の僧たちに受けつがれてきました。スワーミージー（スワーミー・ヴィヴェーカーナンダ）の体を通して働いたのはシュリー・ラーマクリシュナの精神でした。シュリー・ラーマクリシュナと彼のメッセージはスワーミージーの膨大な著作で詳細に説明されました。スワーミージーの講演と著作は、今や全インド、いや全世界を育てる源であると言えます。スワーミージーは「われわれはわれわれの霊性と哲学を通じて世界を征服しなければならない[9]」とおっしゃいました。今日では、この僧団がしだいに発展し、よりよい人間社会を築くための大きな力となっていると考えても、それは言いすぎではないでしょう。

僧団のはじまり

霊性の修行を始めた初期のころ、スワーミー・ヴィヴェーカーナンダはサマーディに没入したままでいたいと思っておられました。あるときシュリー・ラーマクリシュナは彼に、人生の目的は何であるか、とおたずねになりました。スワーミージーは答えて、「師よ、私の理想はサマーディに没入したままでいることです。たまにその状態から下りてきても、食べ物を少し食べたら、またすぐにサマーディに戻るのです」と答えました。シュリー・ラーマクリシュナは彼をしかって、「私はおまえをもっと価値ある魂を持った人間だと思っていた。疲れた旅人がきて木陰で休むことのできるバンニャンの大木のような人間だと思っていた。ところが、おまえも自分だけの救済を求めていたとは！　そんな考えは自己中心だ[10]」とおっしゃいました。スワーミージーはこの教えを生涯お忘れになりませんでした。

スワーミー・ヴィヴェーカーナンダは、この僧団をシュリー・ラーマクリシュナの名で組織なさいました。事実、この僧団を創設なさったのはスワーミージーではなくて、晩年のシュリー・ラーマクリシュナご自身でした。最後の時に向かってシュリー・ラーマクリシュナは、輝かしい「放棄」と「神への陶酔」の人生から生まれた新しい思想を引き継ぐことのできる魂たちを、いっせいに引き寄せられました。当初これらの若者たちは誰も組織というイメージを持ってはいませんでした。彼らはシュリー・ラーマクリシュナのところへきて、御足のもとにすべてを捧げていました。彼らの唯一の目的は霊性の生活を進歩させ、神を悟り、解放と啓発を得ることでした。シュリー・ラーマクリシュナのこれらの弟子たちがボラノゴルの荒れ果てた僧院に住んでいたころ、彼らはまさに燃えるような放棄の精神に満たされた若者の集まりでした。十分な食物もなく、身につける衣服もほとんどなく、なんとか生きているという状態でした。そして彼らのうちの多くは遍歴の僧になりました。ヒマラヤやその他の聖地に行って黙想の生活を送りたいという思いにがられた若者たちもいました。このようにして彼らは出家の生活を始めたのです。

スワーミージーの心の中に、シュリー・ラーマクリシュナは彼らがそれだけで満足してしまうことを望んではおられない、という思いがしだいに湧き起こってきました。霊的な恵みを自分のためだけに持とうとすることは不幸なことです。それは狭量な考え方です。人はどのような富であれ、あらゆる人がその恩恵にあずかることができるように広めなければなりません。スワーミージーは遍歴の僧としてこの国を南から北へ、東から西へとくまなく歩かれました。多くの人びとの生活をごらんになって、彼らの苦労を理解し、その悲惨な状態に痛みをお感じになりました。この人類の不幸や苦難をじかに見た経験が、さまざまな側面における人類の福祉のために生涯を捧げよう、という思いに彼を駆り立てたのでした。

スワーミージーは兄弟弟子たちの考えを変えようと大変努力なさいました。彼がインド西部を放浪していた時、シュリー・ラーマクリシュナのもう一人の弟子、スワーミー・トゥリーヤーナンダ（出家前の名前、ハリ）に偶然出会われました。スワーミージーは彼に「兄弟ハリよ、私は君の信仰がどのようなものかは知らない、しかし私は自分のハートが以前よりもとても広くなっているのを感じる。今では人類全部を抱きしめることができるくらいだ。それは全人類に向かっている」とおっしゃいました。これは、シュリー・ラーマクリシュナが、彼に望まれた状態でした。彼の思想を実行に移すために、しっかりと団結した組織が必要でした。組織がなければ、その思想は根をおろさなかったでしょうし、強さと純粋さをもって遂行されることもできなかったでしょう。

しかしスワーミージーは歴史に精通しておられ、組織というものの利点と同様に欠点も十分にご存じでした。彼は、この思想と理想が薄められ、弱められることがあってはならないと思われました。シュリー・ラーマクリシュナの思想の品質を下げること、また彼が意図なさったのではないものに堕落することは決してあってはならないことでした。この偉大な思想が最高の純粋さを保持できるようにするために、僧団が設立されたのです。今日でもこの組織は、特に所属する僧たちの生活と行為については注意深く、油断なく運営されています。

僧院とミッション

ラーマクリシュナ僧団の理想は、スワーミー・ヴィヴェーカーナンダの「自己の解放と、世界の幸福のために」という言葉によって宣言されています。これは霊性の道を求める者たちの必要に合うように調和された二つの理想です。この二つの理想は互いに、不可分にかかわり合っています。これがラーマクリシュナ僧団の基礎であり、座右の銘であるのです。

ラーマクリシュナ僧団は霊性の面に力点を置き、ラーマクリシュナ・ミッションは人生の完成を求める霊的努力から離れることなく行われる公共の活動に重点がおかれています。僧団の各支部の中にも公共活動や福祉事業を行っているものがありますし、ミッションの支部ももちろん同様です。

スワーミージーは、この組織が僧たちだけのものであることは望まれませんでした。シュリー・ラーマクリシュナの思想に鼓舞され、この理想のために自己を捧げている家住者もまたミッションのメンバーとして働いています。数え切れないほどの在家の信者がラーマクリシュナ・ミッションの旗のもとで社会に奉仕しています。これらの誠実で信仰深い在家の人びとが、社会の広い分野で力強く効果的な奉仕の思想を広げるために、僧院の僧たちと協力しているのです。このようにして運動は広がっています。

ラーマクリシュナ・ヴィヴェーカーナンダの伝統に基づく僧院の生活は、殼《から》の中に閉じこもったものではありませんでした。それは、あらゆる所で人びとへの奉仕に積極的に取り組みました。ラーマクリシュナ僧院とラーマクリシュナ・ミッションは、私たちがしなければならない広大な活動から考えると小さな組織のように見えます。私たちの僧団のメンバーは約一四〇〇人にすぎません。その中には、広範囲に積極的な仕事をすることはできない高齢の僧たちもいます。研修中の若い見習い僧で、数年先でないと働けない者もいます。ですから、実際に仕事をしている人数は一〇〇〇人以下になります。そして、私たちは世界中に一三〇近くのセンターを持っていますので、僧の数は不十分です。ときどき、私たちがやりたいと思っているほど効果的で広範囲な働きはできないと感じることがあります。

このことを考慮して、もっと多くの私立のセンター（ラーマクリシュナ僧団に正式に所属しない、個人的な組織によって運営されているセンター）ができてほしいと思っています。それは私たちの助けとなり、私たちと同じ思想を持つようになってほしいのです。僧団やミッションが設立できないような地域で活動すれば良いのです。そうすればこの運動がさらにさらに広がって行くはずです。一つで流れている時は小さな流れにすぎませんが、その小さな流れが大きな河へと成長するのです。私は初めてアマルナートに行ってナルマダー河の源流を見た時のことを思いだします。そこではほんの小さい流れが谷にそって流れているだけでした。しかしそのうちに両側からのいくつもの流れが合流し、しばらく下ると大きなナルマダー河になるのです。私たちの組織も最初はこのようにして出発しました。たった一握りの僧たちがいっしょに住みはじめました。シュリー・ラーマクリシュナの一六人の直弟子から、今では一四〇〇人の出家僧がいる僧団へと力強く成長したのです。その数は次第に増え、活動分野もさらに広がってゆくでしょう。

霊化――ゴール

今日、ラーマクリシュナ僧団はあらゆる分野で人類に奉仕しています。医療・教育・貧窮者への救助と社会復帰援助と経済的援助・文化の向上等は、この組織の多様な奉仕活動のうちのごく一部にすぎません。しかしこれは単なる社会奉仕運動ではないということは覚えておいて下さい。社会奉仕の組織は経済的・物質的にのみ人びとを援助するか、よくても知的に向上させるという目的をもって活動します。しかしそれだけでは決して十分ではありません。私たちの目的は、人間に内在する神性を現すための助力をする奉仕なのです。個別の自己（ジーヴァ）の中の神（シヴァ）に奉仕するのです。人は内在する霊性の無限の力を確立しないかぎり自分の問題を完全に解決することはできません。問題は何らかの形で発生し、人はそれを解決しようとするでしょう。するとそれはふたたび他の形をとって現れます。全人的な成長があり、全人格が霊的なものになったときにはじめて問題の究極的解決が可能になるのです。人びとは、いかにして自分たちの苦しみを取り除くかを教えられ、光と幸福に満ちた存在へと進化しなければなりません。ラーマクリシュナ僧団は、このような方向にそって働いているのです。

栄光の未来

シュリー・ラーマクリシュナのメッセージや彼の弟子たちの活動が、世界に大きな効果的な変化をもたらそうとしていると言えば、言いすぎと思う人もいるかもしれません。しかし、私たちのうちのほとんどがこの思想の力を理解していないのです。思想は多くの人びとの心と人生に影響を与えることによってますます強力になります。そして偉大な力、全世界を変える画期的な力として徐々に現れるのです。もちろん時間はかかります。一日や二日では現れません。たぶん何世紀もかかるでしょう。しかし、この組織の生い立ちを初めから念入りに調べてみれば、すでにこの一〇〇年の間に蓄積してきた世界を動かす巨大な力が驚嘆に値するものであることがわかります。私たちはやがてまちがいなく全世界の大きな力となるでしょう。そして、その力は僧からだけでなく、シュリー・ラーマクリシュナの多数の在家の信者からもくるでしょう。ラーマクリシュナ僧団とミッションのセンターだけではなく、同じ理想に鼓舞された私設のセンターがいたる所で発生し、ラーマクリシュナ・ヴィヴェーカーナンダの光明を世界中にくまなくもたらすでしょう。

仏教は数年で育ったものではありません。仏教が強大な組織に成長するのに三〇〇年近くかかりました。そして世界の歴史を調べると、仏教がいかに巨大な力となったかがわかります。最初から、いかなる政治的権力とも手を結ぶことなくただ、ブッダの思想の力のみによって、その運動は世界中に広まりました。そして今日でも強い力を維持しています。同じことがラーマクリシュナ・ヴィヴェーカーナンダ運動にも起こっています。私たちはこの思想が世界的な規模の運動として発展するだろうと確信しています。人類の歴史上このように短期間で世界的な力に成長した強大な思想の集大成は他に見ることができません。この成長のスピードは仏教のそれよりもはるかに速いものです。今日ではそれはインドだけに限られてはいません。もし皆さんが外国に行けば、アメリカやヨーロッパ、ロシア等多くの場所で、ラーマクリシュナ・ヴィヴェーカーナンダの思想が人びとに深い影響を与えていることに気づくでしょう。いくつかの大学では、これらの思想の研究に深くかかわっている人たちがいます。多くの学者が、これを課題として調査、研究しています。今日すでにこの運動は注目すべき力となっています。そしてこれはシュリー・ラーマクリシュナの御意志によって、より大きな責任が私たちの双肩にかけられているということなのです。この大きな責任が私たちに課せられているのですから、私たちはこの運動に対して効果的な貢献ができるように自分自身を訓練しなければなりません。

思想はすでにここにあります。それらは効果的に活用されなければなりません。それはこの思想を、単なる思索としてではなく、生きる道として身につけた人びとによってのみ効果的に活用されるのです。私たちが「プライベート・センター」と呼んでいる多数のアーシュラマやセンターが、すでに同じ思想のもとに運営されています。ヨーロッパやアメリカには、われわれ僧の直接的な参加はないが、現地で発生したそのようなセンターが数多くあります。あらゆる所で人びとがこの思想を、単に物質的な生活を改善するためだけでなく、全人生を充実したものにするための生き方の現実的な指針として求めています。命は細かく分けることはできません。私たちの存在全体が変革されなければならないのです。

シュリー・ラーマクリシュナは私たちの全人格を変革できる力を与えて下さいました。この思想を吸収し、人生をそれに従うように形成することは私たちの義務です。必要なのは実際にこの思想に集中し、人生においてそれらを実現するために真剣に取り組むことなのです。

未来への希望

聖書に、「あかりをつけて、それを枡《ます》の下に置く者はありません。燭台《しょくだい》の上に置きます。そうすれば、家にいる人びと全部を照らします〔11〕」という言葉があります。

シュリー・ラーマクリシュナは出家僧も在家の信者も、彼の思想をその人生で実践させるために私たちをお選びになったのです。そして私たちを通じて何百万という人びとが彼の思想の恩恵を受けられるようにされたのです。彼はこの偉大な運動の指導者として私たちをお選びになったのです。それは地球上のすみずみにまで広げられなければなりません。それを成しとげる前に休んでいる暇はありません。すでにいくらかの成功を納めていることは確かですが、それは私たちの前に横たわっているさらなる偉業に比べれば無に等しいものです。

シュリー・ラーマクリシュナは世界の再生のために出現されたのだ、と私たちは確信しています。この復興とは、物質主義がはびこった今日の段階から、霊的存在というよりよい段階へ、世界を高めることを意味します。それは人類の神聖化とも呼ぶべきことです。私たちも、この運動の松明《たいまつ》の火を掲げる者として、シュリー・ラーマクリシュナの精神の体現者となることでしょう。組織の活力は、それに属している人びとの生き方しだいです。私たちはみな、自分たちの理想が他の思想によって混乱しないよう、完全な忠誠心をもって真心をこめて助け合って働かなければなりません。その思想は、シュリー・ラーマクリシュナ御自身からもたらされた時と同じ純粋さと力強さを、保持しなければなりません。

自分自身の向上のためだけでなく、霊的な努力と献身の模範となる生活を通して、私たちが他の人びとの助けとなれるように、この理想をあらゆる場所に広げて行こうではありませんか。私たちは他者に奉仕することによって、自分を助けているのです。私たちの人生がよくなって、あらゆるものを包含する存在となるでしょう。このようにして、少数の個人のみではなく、社会全体が成長してゆくのです。まず、この思想に忠実でありなさい。そして献身的にそれを実行することです。シュリー・ラーマクリシュナが、私たちの人生と私たちにつながりのある人びとの人生をお変えになるために、彼の御手の中の道具として自分自身を成長させるよう、私たちはできるかぎりのことをしなければなりません。

［1］『チャンドキヤ・ウパニシャド』七・一・三。
［2］同。तरति शोकमात्मवित् ।
［3］『ラーマクリシュナの生涯下巻』協会訳、二〇〇七年、四五二頁。
［4］『ラーマクリシュナの福音』協会訳、二〇一四年、八三四頁。
［5］The complete Works of Swami Vivekananda, (Calcutta: Advaita Ashrama, 1985) Vol.6, p.504.
［6］同、Vol.5, pp.379-380.
［7］『ラーマクリシュナの福音』協会訳、二〇一四年、四三八頁。
［8］『イシャ・ウパニシャド』一。
［9］The complete Works of Swami Vivekananda, (Calcutta: Advaita Ashrama, 1985) Vol.3, p.277.
［10］『不滅の言葉、第一一巻第六号』一五頁。
［11］『聖書、マタイ』五・一五。

第一二章　行為の道と知識の道による悟り

シャンカラの説くカルマ

シャンカラは「ヴィヴェーカ・チューダーマニ」のなかでつぎのように述べています「カルマは心を浄化するためだけのものであって、真理をさとるためのものではない。真理は識別あるいは瞑想によってのみ得られるものであり、一〇〇万のカルマをもってしても真理を得ることはできない［1］」

不幸なことにカルマという言葉は、一般のシャンカラの読者によって、誤って理解されてきました。彼らは、カルマの完全なる停止こそが偉大な教師（アーチャーリヤ）シャンカラによって推奨された理想である、と誤解しています。しかし彼が多くの場所でそのような思想を非難したことを忘れてはなりません。シャンカラはカルマという言葉を、利己的なカルマ（サカマ・カルマ）という意味で使いました。聖典に述べられているこのカルマとはアビューダヤ、つまり今生あるいは来世において何らかの繁栄を手に入れるためにする手段のことです。カルマという言葉によって、シャンカラはこれらのカルマ（祭祀《さいし》）のことだけを言っているのです。

背後に動機がなければカルマは不可能だと言われます。私たちに何かをなすようかりたてるものは動機です。なにも願望がなければ動機はうまれず、自分が満たされていないという思いがなければ願望がおこらないということは、少し考えてみれば分かることです。カルマをおこなうように私たちをうながすものはこのような思いなのです。この感覚は、私たちの内に自己の真の性質に関する無知がある場合にのみ、おこります。シャンカラによれば、私たちの真の性質とはブラフマンとまったく同一のアートマンです。

シャンカラは、自己のさとりの過程にはカルマ（行為）の入りこむ余地はない、と考えています。はじめのうち、カルマは役立つかもしれません。すでに述べたようにシャンカラは、カルマは心の浄化のためのものであると言っています。心は浄化されなければなりません。そしてその清められた心によって至高の目標が達成されなければならないのです。

心を浄化するために、カルマはいつまで行われなければならないのでしょうか。これが次の問題です。シャンカラによれば、心が浄化されてはじめて、人はマナマとニディディヤーサナつまり目標の知的な理解と深い瞑想を得ます。カルマはこの段階までは役に立ちます。マナマとニディディヤーサナの段階が超越されると、カルマはもう役に立ちません。それは役目を終えて自然に終息するでしょう。この後にギャーナ（真知）が展開しはじめます。すでに指摘したようにシャンカラによれば、カルマはさとりの最終段階までのぼることはできないのです。

アヴィディヤー、カーマ、カルマという三つの言葉は同様に用いられています。アヴィディヤーとは私たちの真の性質に対する無知あるいは誤った認識、カーマは欲望、カルマとは行為という意味です。アブユダヤつまり今生あるいは他生での繁栄を手に入れるための手段としてカルマ（祭祀）をおこなうよう私たちをかりたてているものは欲望です。それだからシャンカラの著書のあちこちに「モクシャ（解脱）はいかなるファラ（結果）でもないので、カルマは私たちをモクシャに導くことはできない」という言葉が見られるのです。さとりは、むしろすべてのカルマとカルマの結果が燃えつきた状態、そして不完全という感覚のまったくない状態であると言えます。現代的な言葉であらわすなら、それは実現・成就・完全な境地です。このような解脱へはギャーナによってのみ到達されると、シャンカラは言っています。

カルマとスワーミー・ヴィヴェーカーナンダ

スワーミー・ヴィヴェーカーナンダの説によれば、カルマは、ギャーナ（知識）やバクティ（信仰）と同じように、人を至高の目標に直接導くことができます。カルマの真の目的は心の浄化にあるのですから、それはどの段階においても省略すべきではありません。心が浄化されたとき、さらになされるべきことがあるのでしょうか。スワーミージーは、「実在者（リアリティ）」がそのあと、おのずからその本性をあらわすのである、と言いました。

この過程に注目してください。私たちを究極のさとりから遠ざけているのは何でしょうか。——心の不純さです。それが私たちから「実在者」を隠しているのです。つぎの例がわかりやすいでしょう。心とは「実在者」を覆っているガラスの膜のようなものです。それが汚れ——欲望という汚れ——に覆われているとしましょう。利己的でないカルマ（行為）はその膜の汚れを取り除いて、透明にします。そのとき何が起きるでしょう。ガラスの膜が透明になったとたんに、私たちは「実在者」と向き合うのです。膜は実際には存在しなくなります。それは「実在者」のヴィジョンをさえぎらないというより、むしろさえぎることができないのです。至高の実在であるブラフマンからアートマンを引き離している障害物がなくなるのです。シュリー・ラーマクリシュナは「純粋なブッディと純粋なアートマンは同一のものである」とおっしゃいました。ここでブッディというのはチッタとかアンタッカラナ、私たちがふだん使う言葉で言えば心を意味しています。このようにおっしゃったのはシュリー・ラーマクリシュナだけではありません。聖典もこの「チッタが完全に純粋になると人は究極の『実在者』に合一する」という見解を支持しています。

シャンカラはニシュカーマ・カルマが心を清らかにすることを認めています。なぜニシュカーマ・カルマだけなのでしょう。サカマ・カルマ（祭祀）もこの過程においてある程度は役に立ちます。それがヴェーダにおいてとりあげられている理由です。サカマ・カルマも、私たちの肉体的な性癖の抑制をある程度必要とします。肉体的な性癖の抑制なしにはヴェーダのカルマ（祭祀）をおこなうことはできません。ですからヴェーダに指示されているような世俗の対象を得るためにおこなうサカマ・カルマであっても、自己をさとる過程の助けにはなるのです。それは心を清らかにし、自分をコントロールするはたらきをします。この過程が徐々に進むうち、人は非利己的になり、また人が完全に非利己的になれば、心は心自体を超越するのです。心はすべての不純なものから解放されて、もはや「実在者」を隠さなくなります。このポイントを私たちは正確に把握しなければなりません。これがスワーミージーのニシュカーマ・カルマについての考え方です。彼はそれを強調しましたし、シュリー・ラーマクリシュナの教えとも一致します。スワーミージーはこの点を、それは言いすぎではないかと私たちでさえ思うくらい、強調しました。しかし、スワーミージーの時代を考えてみれば、当時の人びとは、どのカルマもマーヤーに捕らわれたものだという印象を強く持っていたのです。だからこそ彼は格別に強調して言ったのだということがわかります。このことに関しておもしろい例があります。

昔、ウッタルカーシーで一人のサードゥがコレラにかかりました。近くに住んでいた他のサードゥたちはそれを知って、病人は自分たちの瞑想に破壊（ヴィクシュパ）をもたらすだろう、と言ってそこから逃げ出してしまいました。彼らの瞑想はきっとすばらしかったことでしょう！　男の看病に行っていたら、瞑想に集中することができなくなるし、その男に何らかの執着を持つようになるかもしれない。だからその執着から解放されて、その病気の男を運命にゆだねた方がよいと考えたのかもしれません。このようなカルマに関する誤解が、その当時は、ごく一般的だったのです。

ナイシュカールミャ（活動からの解放）についてのシャンカラの見解

「すべての行為の単なる停止は、さとりの境地を意味するものではない」とギーターは述べています［2］。さとりは無活動とは異なります。完全に無活動になるなど、人が死なないかぎりできないことです［3］。

生きているかぎり私たちは何らかの活動をしていなくてはなりません。ギャーナの道を歩む人が無活動を望むなら、ギャーナの道を歩むことはできません。知識の追求それ自体が一種の活動なのですから。それゆえ、私たちがふつうに理解しているように、両者はそれほど大きく矛盾するものではないのです。いちど私の先輩僧が……今は家従者にもどられた方ですが……スワーミー・トゥリーヤーナンダに「マハラージ、いかなる行為も結果としてエゴイズム（アハンカーラ）をもたらすのではないでしょうか。ですから私はあらゆる活動から解放されていたいと思います」と手紙を書いたことがあります。これは、自分に割り当てられたいかなる仕事も自分はするつもりはない、という意味でした。そしてスワーミー・トゥリーヤーナンダから返事がきました「君は、あらゆる活動をただ止めるだけでエゴが消え去ると思うのかね」これがナイシュカールミャ、つまり真の無活動の誤った解釈です。

シャンカラはナイシュカールミャという言葉を多くのところで使いました。ナイシュカールミャつまり活動からの解放とは、肉体的・心理的なあらゆる活動の停止を意味するわけではありません。その意味でいうならば、死んだ人間だけが完全にすべての活動から解放されていると言えるからです。シャンカラも他のいかなる哲学者も、現実の人間にとって役に立たない非実用的な何ものかを指示するはずがありません。シャンカラによれば、カルマ（祭祀）とはカーマつまり欲望によって促進されるような種類の行為のみを言うのです。それはすべての行為を指しているわけではありません。あらゆる欲望から解放されようとしているときに、欲望によって呼び起こされた行為をすることはできません。その意味においてのみ、カルマとギャーナは矛盾するのです。これが活動の状態と無活動の状態の主な違いです。

しかしギャーナとカルマの間のこのような違いや矛盾は、必ずしも永遠に続くわけではありません。カルマがカーマつまり利己的な欲望によって呼び起こされることがなくなれば……すべての欲望ではなく、利己的な欲望によって……もはやそれは厳密にはカルマではありません。シャンカラはこの点ではとても明快です。彼はつぎのように説明しています。たとえば人が今生か他生に利益を得ようと願ってあるヴェーダの犠牲供養（サカマ・カルマ）をおこなったとします。しばらくはそれを続けるでしょう。しかしそれが完了する前に、利益を得たいという願望は彼のハートから消えてしまいます。彼はただとちゅうでやめたくないというだけの理由で、その犠牲供養をやりつづけます。そして、今やこの犠牲供養の背後には、利己的な欲望はまったくありません。それゆえに、厳密にはそれはカルマではなくなり、行為は彼にいかなるファーラ（結果）ももたらさないのです。このように、シャンカラは利己的な動機を持たない行為はカルマではないと言っています。

ギャーナとさとり

さて、次の問題は、たとえば私たちが利己的な動機を持たない何らかの活動（カルマ）をしている時、そのカルマはギャーナの妨害になるだろうか、ギャーナと矛盾するだろうか、ということです。答えは明らかに「ノー」です。聖典のどこにもそのようなことは言われていません。では以前に述べられた、カルマは心の浄化のためだけのものであって、真理をさとるためのものではない、ということばはどうなるのでしょうか。シャンカラは、真理のさとり（ヴァストゥーパラブディ）は無知が消滅したときにのみ得られる、と言っています。それは、私たちが自己の真の性質を正しく理解したときにのみ可能になるということです。その自己は、シャンカラによれば、いかなるカルマによってもさとることはできません。もちろん彼は、ニディディヤーサナ（瞑想）とマナマ（熟慮）をカルマから除外しています。その他のすべての行為は究極の実在をさとるための助けにはならないと言っているのです。

さとりとは何でしょうか。シャンカラによると、さとりとは、いかなる疑惑（アサンディグダ）も、いかなる誤解（アヴィパリャスタギャーナ）も混ざっていないような知識を意味します。正しくて、ほんのわずかの矛盾もない知識が完全に純粋な知識なのです。これはシャンカラが自らのさとりを通して理解したことです。

さとりについて、私たちはしばしば奇妙な考えをもっています。さとりというものを、何かがぱっとあらわれて、とつぜん世界全体が変容するような、一種の奇跡のようなものと考えたりします。シャンカラはそのような奇跡を信じていません。彼は確固たる事実を問題にした人でした。もし私たちが、いかなる種類の疑問もまちがいも混ざっていないような自己の知識を持つことができるとするならば、それは徐々に得られるはずです。いかなる人にも、それが一瞬にやってくるということはありません。それは厳しい修行を通して得られるはずです。私たちはこの目標に向かって一歩一歩前進しなければならず、そしてゴールはこの過程の究極にあるのです。

ここで一つの重要なポイントを理解してください。先に述べられたような究極の知識を得ることは、単なる知的な過程ではないということです。それは私たちの全存在をまきこんだものです。この過程においては、私たちの心の三つの機能、考えること、感じること、意志することのすべてが深くかかわっています。これら三つの機能が純粋な知識を得るという一つの目標に向かって働かされるならば、そして私たちがその目標に向かって最後までやり通し、自己の真の性質に関して、心の中にいかなる疑いも、無知の痕跡もなくなったときに、私たちは究極の知識のさとりを得るでしょう。

無知は知識によってのみ取り除かれると言われています。そして知識とは心の不動の状態（ブラフマカーラヴリッティ）を意味し、それのみが無知を取り去ることができるのです。

それゆえシャンカラは、ギャーナとカルマは、光と闇のように、共存することのできない、完全に反対のものであると言うのです。モクシャはすべての欲望から完全に解放された状態であり、一方カルマは欲望から生まれるものだからです。

スワーミー・ヴィヴェーカーナンダによるギャーナ

スワーミー・ヴィヴェーカーナンダによれば、カルマの目的は心の浄化にある、ということはすでにお話ししました。心が完全に浄化されたとき、それは無心（タットラ・マナハ・アマニー・バヴァティ）になります［4］。何が心を無心にするのでしょうか。スワーミー・ヴィヴェーカーナンダは、浄化の過程そのものが心を無心にする、と言いました。この段階になると、その求道者を究極の実在から区分するものは何も残っていないので、彼は「真理」をさとり、それに合一するのです。しかしシャンカラは自分の説に矛盾がないことを主張し、知識の道（ギャーナ）の優位を確立しなければならなかったので、このスワーミージーの説を原則として認めていませんでした。

シュリー・ラーマクリシュナとスワーミー・ヴィヴェーカーナンダは「カルマ・ギャーナ・バク

ティ・ヨーガの四つの道はどれも、人びとを究極の実在に完全に導くことができる」とおっしゃいました。しかしシャンカラによれば、バクティ（信仰）でさえも人を非二元の至高のゴールへは導かないのです。その理由は、信仰の道では、人は自分をイーシュワラと呼ばれる実在から区別して、信者という立場をとるからです。だからバクティを通して得られるさとりは二元性が完全に消えてしまうことはないと言うのです。

たとえ二元性が消滅しなくても、そこには何の問題もありません。というのは、もしそれがいくらかでも信者を低めるというのであれば、そのときには二元性は避けられるべきでしょう。そうではなくて、逆に私たちにイーシュワラあるいはイーシュワラの内にある「実在」を十分にしめすのであれば、その境地に何の問題があるでしょうか。

信仰の道において、私たちはイーシュワラという言葉を使います。一方、知識の道では世界がそこから現れ、そこに存在し、またそこへ溶けこんでゆくブラフマンについて語ります。「実在」についてのこの二つの概念の間の相違は、学者にとって自分の論理的なたくみさや有能さをしめすための役には立つかもしれませんが、実際的な目的のためには、その違いはまったく意味がありません。

シュリー・ラーマクリシュナによれば、信者は至高の愛の経験、人格神との合一の経験を永遠に十分に楽しむことができるのです。しかしシャンカラは「二元性があるかぎり、その経験は二つのものの結合なのだから、いずれ終わる可能性がある。いや、可能性どころか、必ずそうなるものなのだ」と言います。

シャンカラとヴィヴェーカーナンダ

シャンカラの言ったことはかならずしもそのとおりではありません。けれどもそれは、私たちが日々経験し、よく知っている物質世界の法則である、と言うことはできます。この世界は不純です。しかし、不純なものが完全に消え去るような境地があるのではないでしょうか。この世界にあてはまる法則も、その境地においてはあてはまらないでしょう。この世で通用している論理も、その境地では通用しないはずです。シャンカラもそのような論理の限界を超えた境地を認めなければなりません。シャンカラの非二元論の概念を証明するためにも、論理は超えられなければなりません。ブラフマカーラヴリッティ（心の不動の状態）の境地に到達して、非二元の観念（それは観念にすぎない）があらわれると、その観念は無知を完全に取り去ります。しかし、その観念を取り除くものはいったい何でしょうか。結局それは観念（ヴリッティ）であって、それが観念であるからには区別を保持するのです。その区別はどのようにして消えるでしょうか。ひとりでに消えることはありません。それを取り除くための何らかのものが存在するはずです。そのものとは何でしょう。シャンカラは「それはちょうど、ミョウバンが水からすべての不純物を取り除き、それ自身が水に溶けてしまうように、何の苦もなく消える」と言っています。これではぜんぜん説明になっていません。しかしながら、これはシャンカラが無知だったということではありません。彼は自分の立場を確立しようとし、また極めて正確にそれをなしとげたのでした。

さて、シャンカラとスワーミージーの相違点について考えてみましょう。もしシャンカラによって支持された知識の道が無知を完全に除去し、人に「実在」をさとらせ、それとひとつにさせることができるのなら、カルマの道も同じことをすることができないでしょうか。もちろんここで言うカルマとはニシュカーマ・カルマ、つまりいかなる利己的な動機も持つことなく行われる行為、をさしています。

この国の人びとはギャーニになるためには世間を放棄しなければならない、という考えにとらわれすぎている、とスワーミージーは判断しました。信仰の道をすすむ人びとも、同様に誤った態度のせいで、世間から遠ざかろうとしていました。それは宗教的な修行にならないどころか、あきらかに非宗教的であり利己的です。それでは私たちの内なる「実在」をますます厚くおおってしまうだけです。それは無知の壁をもっと厚くして、通り抜けられなくするでしょう。だからこそスワーミージーはニシュカーマ・カルマ（無私の働き）をそれほど強調なさったのです。スワーミージーは、無私の働きの道によって、この国は精神的にだけでなく物質的にも繁栄することになるだろう、とおっしゃいました。多くの人がサットワと思いこんでいるものは実は単にサットワの仮面をかぶった深いタマス（愚鈍な性質）にすぎないのです。この点をよく理解してください。二つは似たように見えても、性質はまったく正反対のものです。私たちはこの二つ立場をよく知り、しっかりと認識しておかなければなりません。

シャンカラとスワーミージーは、表面的にはいくつかの理論的な相違を持っているように見えるかもしれませんが、実際には何ら違いはないのです。シャンカラはニシュカーマ・カルマを心の浄化のための手段として認めていますし、スワーミージーも同様です。シャンカラの哲学体系によれば、無知を取り除くためには知識が必要です。知識は自己の観念（ブリッティギャーナ）をもたらします。「実在」の観念だけが、自己に関する私たちの無知を取り除くことができるのです。だから、観念のかたちをとったこの「心の不動の状態」（ブラフマカーラヴリッティ）こそが当然、至高の実在のさとりの直接原因であるはずだ、ということです。これが、シャンカラが述べたことです。スワーミージーは、このような細部にはふれていませんが「心を清らかにせよ、そうすれば君たちはさとりを得るだろう」と言いました。あなたと「実在」との間に介在するものは何もありません。あなたは「実在」なのです。心が浄化されると、それ自体が「実在」――至高の自己とひとつになるのです。シュリー・ラーマクリシュナがおっしゃったように「純粋なブッディと純粋なアートマンはひとつであり、同一のものである」からです。求道者が心を完全に清らかにするとき、彼は自分の求めているものと一体になります。彼は自己、純粋アートマンです。これがスワーミージーの教えていることです。

［1］シャンカラ『ヴィヴェーカ・チューダーマニ』一一。
［2］『バガヴァッド・ギーター』三・四。
［3］同、三・五、一八・一一。
［4］『マーンドゥーキヤ・カーリカー』三・三一、三二。

第一三章　ヨーガの正しい理解

ヨーガとは何で「ない」か

シュリー・ラーマクリシュナは、超能力の獲得について教えるために、おもしろい話をしていらっしゃいます。あるところに二人の兄弟がいました。兄の方は家をあとにしてヨーガの修行に出かけて行き、一二年後に帰ってきて、自分が偉大な能力を得たことを弟に話しました。弟がその実演を見たがったので、兄は得意になって承諾し、二人はつれ立って川のほとりにやって来ました。すると、兄のヨーギーはあっさりと水面を歩き、まっすぐむこう岸に着きました！　着いてから、彼は弟が舟で川をわたってきて自分に追いつくのを見ました。岸に着くと、弟はたずねました「さて、あなたが獲得なさった力は何ですか」「お前は見ていなかったのか！　私は水の上を歩いて川をわたったのだぞ！」「見ましたけれど」と弟は言いました「私も舟で同じ川をわたり、そのために一パイスしか払いませんでした。ではあなたが一二年もの長い間ヨーガの修行をなさって得られたのはたった一パイスの値打のものなのですね！」超能力を得ることはヨーガの真の目的ではないのです。

「ヨーガ」という言葉は一般に誤解されてきました。実に多くの場合、ヨーガは奇術師の芸であると思われています。みなにヨーギーであると思われている詐欺師たちがいます。彼らの演技が、何らかの方法で獲得されためずらしい能力であるために、ヨーガの表現とうけとられるのです。一か月も地下にうめられたままでいる偉大なヨーギーがいる、ときくと——これを私たちは「ヨーガ」と思うのです。ヨーギーはたしかに、修行中にこのたぐいの超能力を得るでしょう。ヨーガの教典は、心の集中によって実際にこのような超能力が得られる、とのべています［1］。しかし超能力を獲得することがヨーガの目的なのではありません——残念ながらヨーガという言葉はそのように解釈されていることが多いのですが。そうであれば、人にできないなみはずれたことのできる人はだれでも、ヨーギーになれるでしょう。しかし、ヨーガの知識のみなもとであるパタンジャリの「ヨーガ・スートラ」や「ギーター」は、この種の奇術がヨーガの目的であるとはけっして言っていません。

ヨーガの意味

ヨーガは本来、人をたえず苦しめている緊張から私たちを解放する、あの心の静けさ・清らかさをさすのです。この緊張は、富のゆたかなところでは一層つよくなります。ヨーガは、つねにバランスを保ちつつ、人生のつかの間の様相や変転する環境に乱されないような心の状態を得るように、私たちをたすけます。そのような心境が、人生最高の英知を得るのに適したものなのです。それが、ヨーガの真の目的です。ヨーガには、ラージャ・ヨーガ、ギャーナ・ヨーガ、およびバクティ・ヨーガのようないろいろな種類があります。ラージャ・ヨーガ、つまりパタンジャリのヨーガは、ヨーガの王道だと考えられています。そしてもう一つ、カルマ・ヨーガとよばれるヨーガもあります。これらのヨーガはすべて、神性という、人のうちなる本質の顕現を助けるためのものです。結果はすべて同じ、私たちのひくい自己の超越と、内なる神性への到達です。人は自分を動物の状態からひき上げなければならない、と多くの賢者たちが説いてきました。スワーミージーの言うように、私たちはみな神から来ました、そして神にかえってゆかなければならないのです。そして、ヨーガは、私たちを神へと導く道の一つなのです。

私たちインド人は、人間が本来神であることを信じています。しかしその信仰は、単に一種のドグマ（教義）となってしまいました。私たちは、この原理をしんけんに実生活にあてはめようとはしません。それだから、口ではたいそう立派なことを言うのに、じっさいは深く堕落のふちにしずんでいるのです。わが国において、この賢者と聖者の地であるインドが、若い世代が自国の神聖な伝統への信仰をほとんど失うほどに堕落したのを見るのは、実につらいことです。それゆえ、私たちはふり返って、古代のリシたちが全人類の安全をまもる道をどのように考えていたのかを、見なおさなければなりません。その安全は、心および霊性の分野でバランスのとれた状態を保つことにあります。このバランスを、今日私たちは失っています。しかしそれを取りもどす手段はあります。それらの手段は、聖者や賢者たちの教えや、もろもろの聖典から得ることができるのです。ヨーガの科学的方法がとり上げられるのはこの点に関してです。ラージャ・ヨーガ、すなわちパタンジャリのヨーガは、私たちを内外両面の苦しみの状態からひき上げて、自分の性質をもっと深く理解し、自分の目標をもっとはっきりと知る境地にまで高めてくれます。このヨーガはそれゆえ、インドでも、また全世界においても、人びとの日常の生活にとり入れられるべきものです。もしヨーガの修行が真剣につづけられるなら、このヨーガはかならず、私たちをいまよりもっと高い状態にひき上げてくれるでしょう。そこではもう、それほどの争いも、衝突も、悲しみもないでしょう。

ヨーガの必要性

賢者パタンジャリにしたがって私たちが理解するところによると、ヨーガという言葉は「心の制御」です。私たちを幸福にも不幸にもするのは心です。それが制御されていないから、さまざまの不幸を招くのです。幸福、特に永続的な幸福を得られるのは、心があちこちに散乱しないようにそれを制御することのできる人だけです。ウパニシャドには「高い識別力つまり知性は心を制御する要因になる」と書いてあります。私たちの人生は馬車の旅にたとえられます[2]。内なる識別力(ブッディ)は、馬にひかれる馬車にすわった御者です。馬は感覚器官にたとえられ、肉体にあたる馬車をひいています。荒々しい馬は制御されなければなりません。心は馬を制御して方向をしめす手綱にあたり、その正しい指示は御者であるブッディすなわち識別力が与えます。馬車を正しい方向に引くように、馬をみちびくのは御者です。もし馬が制御されていなければ、つまり感覚器官が識別力（ブッディ）によって制御されていなければ、当然私たちは道をふみはずし破滅してしまうでしょう。ブッディ（御者）にあやつられている、心（手綱）にしっかりと引かれてはじめて、私たちは望む目標に到達することができるのです。このことは、人生において成功をおさめるための方法として、聖典にはっきりと述べられています。ここでいう成功とは、一時的な目標の達成をさすのではありません。一時的な目標は、私たちを究極の目標にはつれて行かないかもしれないのです。一時的目標は何であれ、究極の目標はつねに、心にとめておかれなければなりません。理想すなわち目標を見失ってはいないかどうか、つねに気をつけていないと、気が散って道に迷うことになるでしょう。ヨーガは、自己の神性をさとるという最終目標に向かって私たちをみちびく、まちがいのない方法です。ヨーガが私たちの人生に関係を持つのはこの点においてなのです。

ヨーガによるサーダナー（修行）の方法

ヨーガは、私たちに自分の心を制御するよう求めます――「ヨーガとは、心という要素がさまざまな形をとらぬよう、抑制することである［3］」これは、思いや欲望の波また波、すなわちヴリッティをたえずおこしている心をしずめる、という意味です。これらの波は心の奥底、潜在意識の深みからたえまなく生じ、私たちには、自分をかき乱すその思いの流れをおさえることができません。

それは系統だった方法で制御されなければなりません。私たちは全心をかたむけて修行をしなければなりません。心は訓練を受けなければならないのです、しかも系統だった方法で——。その系統だった方法を行うには、私たちの存在が完全に清められている必要があります。

純粋であること、そして誠実であることは、ヨーギーの必須《ひっす》条件です。パタンジャリのヨーガは、八種類の道を教えています。ヤマ、ニヤマ、アーサナ、プラーナーヤーマ、プラティヤーハーラ、ダーラナー、ディヤーナ、サマーディです[4]。ですから、まず基本として、ヨーギーは感覚器官および心に対して完全な支配力を持ち、最終目標をめざす人生の旅の正しい方向を知っていなければなりません。これが、絶対に必要なことなのです。ヨーガとはいかなる種類の肉体制御法を意味するのでもないし、頭の体操を意味するのでもありません。ヨーギーに与えられている目的は何であるのか、私たちははっきりと理解しておくべきです。ヨーギーは、あらゆる人びとに対して善意だけを持ち、何びとをも傷つけることのない者でなければならないのです。ヤマ、ニヤマ、アーサナ、プラーナーヤーマなどのような準備段階は、意識の最高状態すなわちサマーディに達するためには絶対に必要です。このサマーディは、単にしばらくのあいだ心のはたらきを止めるというだけではなく、人の内なる神性を顕現するものです。ヨーガの最高の恩恵を得るためには、このような修行を生涯つづける努力が必要なのです。

ヨーギーは、誠実に、純粋に、そして慈悲深くなろうとする強烈な霊的努力によって人生の問題を解決し、こうして最高の至福と平安を得ようとねがいます。彼はまた、彼の足跡をたどって私たちもまた、動物のレベルから神の地位にまで自分を高め、人生問題を解決することができるように、私たちの前に手本をしめしてくれるのです。私たちに内在する神性は、表現されなくてはなりません。ヨーガとは、私たちを完全なる神の状態に到達させるためのわかりやすい方法を、はっきりとしめす体系です。私たちは、次のような規準のみに照らして、ヨーギーを評価することができます。——彼は周囲のいかなる変化にも乱されることのない永遠の平安に満たされているか。彼の存在は世界にとって祝福であるか。

ここでは、ヨーガはいかなるものであるべきであり、いかなるものであってはならないか、について要点だけを述べました。ヨーガは、単にその体系を理解するためのものというより、実践するためのものです。ヨーガから究極の恩恵を得たいなら、ここに述べたような修行を生涯つづける努力が必要です。

［1］パタンジャリ『ヨーガ・スートラ』三・三八〜四一。
［2］『カタ・ウパニシャド』一・三・三〜九。
［3］パタンジャリ『ヨーガ・スートラ』一・二。
［4］同、二・二九。

第一四章　霊性と神の愛

「霊性」ということばの意味

霊性（スピリチュアリティ）というのは、インドの伝統を語る場合には、あまり意味のはっきりとしたことばではありません。英語の「スピリチュアリティ」は、「スピリット」、すなわち物質ではないものということばからきています。サンスクリットでは、アデャートミカタということばをつかいます。アデャートミカタとは、魂すなわち自己――みずからあらわれている主体アートマン――に関係のある、という意味です。英語で、スピリットというのはかなりまぎらわしい表現です。西洋では、人の知的な、または道徳的な面、肉体ではない部分、をさすことばであって、それはアートマンを表すものではありません。ですから私たちは、英語がこの場合につかうスピリットのかわりに、アートマンということばをつかった方がよいと思います。アートマンは、私たちの全存在に浸透する、不死不変の実在をさしています。アディヤートマとはアートマンに関係のあるものということです。一般に、アディヤートマということばはダールミカタすなわち宗教的であること、という意味につかわれています。それもまた、混乱のもととなる可能性はあります。しかしながら、それについてはことばの文法上の詮索はせず、一般の習慣にしたがうことにしましょう。人びとが神を信じ、彼をさとることができるように、すなわち神のさとりへの道をすすむように、自分の生活を形づくろうとつとめるとき、それを霊性つまりアディャートミカタと呼びます。祭祀をおこない、倫理上のおきてをまもって神につかえる生活は、ダールミカの生活です。家庭では、年長者が寺にまいり、家で祭祀をおこない、賛歌をとなえ、ジャパなどをします。このようなことはすべてダルマと呼ばれ、それをする人はダールミカ です。このような人が、俗語ではアディャーミカの人とよばれているのです。

ゆたかさのさなかでの不満

通常、人びとは真の霊性の追及に対して、ひじょうに熱心というわけではありません。私たちが自分の肉体とそれの要求に大きく心をうばわれているのは不幸なことです。肉体とそれの要求をこえることのできる人はごくわずかです。しかし同時に、私たちは単なる肉体の要求を満足させるだけでは十分ではない、ということに気づいています。ある人が、すべての富と快楽の対象を思うままにやすやすと獲得できるような、ゆたかな才能にめぐまれて、長生きをしているとします。また彼はそれらをたのしむことができるだけの、健康な肉体と強力な感覚を持っているとします。それでも、彼の内部にはつねに、不幸の原因があるでしょう。かりに人が食物を十分に持っていても、食欲がなければそれらは無用でしょう。無用なだけでなく、一種の不満が生まれるかもしれません。富はあるかもしれない、健康はあるかもしれない、そしてそこには、それらのたのしみを、邪魔するものもないかもしれない。それでも、私たちはときどき、何が原因であるか自分にはわからない、一種の不幸を感じるのです。人はよく、自分のことを「不安定で落ちつかない」とか、「申し分なく幸福であって不幸だ」とか言います。ゆたかさを享受しながら、人生が何かむなしいものに感じられるのです。ときどき、自分にたずねます「自分が持ちたいと思うものは何もかも持っている。それなのになぜ、私は不幸に感じるのか」と。

このことの理由は、これです。私たちの本質に、私たちの存在のまさに核心に、アートマンが存在するからです。アートマンは、これらすべての有限な、この世の快楽をもってしては得ることのできない自己なのです。それが、スワーミージーが「めぐまれた不満」と呼んだものです。それは、考えられるかぎりの世間のたのしみのそろった、完全な環境のまん中にいて感じる不満です。なぜこの不満感があるのか、それはそこに何かが欠けており、その欠けている「何ものか」は、いかなるこの世の満足の源泉からも得られるものではないからです。その何ものか、アートマンすなわち無限の存在・知識・至福、が人生の真の目標です。これが真の霊性というものなのです。

霊性の探求はさまざまの段階で、その面によって三つに大別することができます。それの合理的な面、すなわち究極実在の理性的すなわち知的な理解と、それの感情的な面、すなわち実在に対する私たちの態度、または神との親近感と、そして最後に意志的な面、すなわち神のさとりにつながる行為をしたいという願望と、それらができるような態度です。私たちの性格のこれら三つの面が、霊性の生活にも関係するのです。もし私たちが霊的でありたいと思うなら、その霊的目的は何であるかを理解しなければなりません。その最高の霊的実在に対する信仰を持たなければならず、そして、その実在に合一するために行動しなければなりません。この最高の霊的実在が、私たちの内にある、アートマンという永遠の存在、内なる神性なのです。私たちの内、心身結合体というヴェールのかげにある、絶対の知識、永遠の存在、そして無限の至福です。信仰者（バクタ）にとってはこの究極実在は、自分の愛のすべてをそそぐことのできる崇拝の対象という形をとります。

自由の性質

私たちはその人生の究極の目的である実在を、神とか、イーシュワラとかパラマートマンとか、さまざまに呼びます。おなじような意味を持つ他のことばもつかわれます。しかし、それらの意味をはっきりと理解してはいるわけではありません。イーシュワラは、すべてのものを支配する者という意味です――これはこのことばの派生的な意味です。シュリー・ラーマクリシュナは、彼のおぼしめしがなければ一枚の葉もうごかない［1］、とおっしゃいます。彼はそこで、いっさいのものを支配しておられるのです。彼のおぼしめしなしには、何ごともおこることはできません。しかし私たちは、自分たちは自由な行為者であって、自分のすきなようにものごとをおこなっているのだ、と思っています。何ごとにせよ、自分がすると思っていることをし、しないと思っていることはしないでしょう。自分が感じるかぎりでは、私たちは自由な行為者です。

しかし、ほんとうにそうなのでしょうか。シュリー・ラーマクリシュナは、人間は幕のうしろから糸をひいている何ものかの手中にある、あやつり人形のようなものだ、とおっしゃいます。ところが、私たちはまさにその逆に感じているのです。これがマーヤー、すなわち無知というものです。私たちは、自分は行為者である、自分は（その果実を）うけ、たのしむ者である、苦しむ者である、と思う——これらすべては、自分自身の、または世界の究極の支配者についての、理解が欠けていることから生まれる思いです。

たとえ神があらゆるものを支配しておられると聞いても、私たちはそのほんとうの意味を理解できません。ただ因習的に学んだ観念をくりかえすだけです。これを理解しているいないにかかわらず、いっさいを支配する神なる存在がおられる、という場合には、自分の能力にしたがってある程度まで、その考え方にしたがおうと努力します。実際には、何をするでしょうか。私たちは神に祈り、彼が私たちのこのむようにものごとをすすめてくださるよう、彼に祭祀をささげます。誰も、神が支配者であられることは望みません。彼が、自分がおねがいしたものをあたえてくださることを願うのです。彼は、私たちが望むもののあたえ手でなければなりません。もし自分が病気なら、私を健康にしてください、貧乏なら、金持ちにしてくださいと祈ります。長生きをさせてくださいなどと祈ります。私たちは神を、このように考えるのです。

このような神が何の役に立つでしょう。何かをお祈りして何か別のことがおこったら「おお、神よ！　あなたは何をなさったのですか」と言います。それはつまり、神は私たちが彼にのぞんでいる通りにはすることができなかった！　ということになるのです。私たちが神に対していだいている信仰は、そのようなたぐいのものなのです。私たちが愛しているのは、ほんとうに神なのでしょうか。いや。少し分析すれば、私たちは自分を愛しているにすぎないのだということがわかります。私たちの神への信仰は、彼のためではなく、自分自身のためなのです。私たちは、神を自分のほしいもののほどこし手として愛しています。私たちに神を愛させるのは、自分自身への愛です。ここで現実的な例について考えてみましょう。私たちは普通、食物が好きです。しかし、病気のときには、食物を見るだけでいやになります。それは、私たちが食物を愛しているのではなく、自分のためにそれを愛しているのだということをしめしています。私たちが自分の親類を愛しているとします。もしその親類が自分か、自分の子供たちや他の家族を害するようなことをするなら、彼らへの愛は消滅します。私たちは自分の子供たちを愛します。しかし、もし彼らが従順でなかったり敵対したりしたら、彼らを愛することをやめるでしょう。そのことは、私たちは自分の子供たちをも愛しているのではないということをしめしています。私たちはただ、自分を愛しているのです。ブリハッダーランニャカ・ウパニシャドの中に「何ものをも、そのもの自体のゆえに愛する人はいない。あらゆるものは、自己のゆえに愛されるのである［2］」とのべられています。

私たちは、その自己が何であるか知りません。自己ということばは、ひくい意味ではエゴすなわちアハムをさします。しかしこれでは、自己の真の意味は理解されません。まえに言った、もっと高い自己があるのです。しかし、私たちは、他者が自分とつながっているために、彼らを愛するのです。自己が、つねに自分への愛の中心にあるのです。

神の愛し方

信仰の目標は、自己中心の愛を消滅させて神のみへの愛をやしなうことです。それは、神を中心にしたアプローチです。神への真の愛は、第一に、私は自分を彼にささげなければならない、と感じさせます。私たちは、自分は神がよろこばれるようにふるまわなければならない、と感じるべきです。もし逆の形にふるまうなら、私たちの霊的生活は正しい方向にはすすまない、と知らなければなりません。神への愛はふかまらないのです。それゆえ、私たちは自分の生活を、この原理にそって形成すべきです。

神への愛は、人が考え得るかぎりの最高の喜びです。神人が彼らの富およびいっさいのものを避けるのは、神への愛のためです。神人は、自分の身うちや友人たちとの関係を断って、完全にその神への愛に没入します。私たちは、このような偉大な神への愛を持つ神人を賛嘆します。

神への愛はかならずしも行為でなり立っているものではありません。神への愛は私たちに、こまごまとした儀式によって彼を礼拝させることもあるし、させないこともあるでしょう。人は、愛をこめて神に花や他の供物をささげてもよいし、まったく何もささげなくてもよいでしょう。それでも、神への愛で満たされることはできます。ですから、普通の見方で真の神の愛人を見わけることはとてもむずかしいのです。バーガヴァタには「信仰者は儀式的宗教で出発する。彼は神にお祈りをする。彼は花や、その他の祭祀用の品々をそなえる。これらはすべて、バクティのしるしである。これらによって、神への真の愛が生まれる〔3〕」とのべられています。二種類のバクティ（信仰）があるとシュリー・ラーマクリシュナは言われ、聖典もそれを確認しています。ヴァイディ・バクティと、ラガートミカー・バクティです。前者は儀式的な信仰、後者は真の、自発的な神への信仰です。儀式的な信仰が、求道者を真の神への愛にみちびきます。前者が、成長して後者になるのです。

私たちは、神は私たちが持つ、いっさいのよいものの源泉である、と感じなければなりません。私たちはまた、自分のエゴを完全にとりのぞき、神への純粋な愛をもって活動をおこなわなければなりません。信者は各人の気質《きしつ》に応じて、神との感情的な関係において、さまざまな態度をとります。ある人びとは自分を神の召し使いと、またある人びとは彼を自分の子供、または友人、または父、または母などなどと思います。この愛の宗教につながるもう一つの特徴は、他者のためにみずからをささげるように、信者をみちびくというものです。それは、もう一つの重要な特徴、自己犠牲です。真の信者は、すべての人に対して愛ふかく、いつでもよろこんで彼らに奉仕をするはずだというものです。それゆえこれら——神への愛、すべての生きものへの愛、および自己犠牲——が、真の神の信者の条件です。

人が飢えに苦しむとき、彼は肉体的に不満を感じ、弱くなります。そして、すべての感覚器官がはたらかなくなります。食物をたべると、ひと口たべるごとに飢えの苦しみは消えてゆき、不満感もなくなって、肉体的に強くなったことを感じます。おなじように、人は霊性がふかまるにつれて、つぎの三つの特徴が同時にあらわれてきます。神への信仰がふかまり、神の真の性質の理解がさらに明確になり、世間のたのしみへの執着が、ますます減ってくるのです。シュリー・ラーマクリシュナはおっしゃいます「大事なことは、なんとかして神への信仰と彼への愛をそだてることだ。……この愛を感じたら、あなたが神をさとることはまちがいない。のちに、もし必要なら、神がいっさいのことを説明してくださり、他の道についてもおしえてくださるだろう［4］」バーガヴァタの中につぎのような一節があります「ものをたべている人には、たべもののひと口ひと口が同時に、心の満足と肉体の力と飢えからの解放感をあたえる。そのように、主にみずからをささげた信者は、同時に三つのものを得る——主への信仰と、彼のさとりと、世間の事物からの離欲である［5］」また、シュリー・ラーマクリシュナは「ただ神への愛さえあれば、いっさいのものをさとることができる

［6］」とおっしゃいます。信仰はふかまり、理想はもっと明確になり、感覚対象への愛は弱くなるのです。しかし、私たちは、感動からたくさんの涙をながせば神の信者ということになる、と勘違いします。単なる感情の爆発は、何のしるしでもありません。自分の信仰がふかくなったと思うかもしれませんが、感覚対象への執着があいかわらずであるなら、それはどういう種類の信仰でしょうか。快楽への欲望をはなれていない、このような感情的な信仰は挫折をもたらすだけです。神性についての観念は、聖典の研究によってはっきりするでしょうが、単なる知的理解はほんとうの信仰ではありません。

ですから信者は、バーガヴァタが説いている、ここにのべた信仰者の三つの基準を心にとめておくべきです。これらの理想に到達するまで、祈りをささげることを忘れてはなりません。私たちみなが、バーガヴァタにしめされているような正しい方向にすすむよう、希望を持とうではありませんか。

［1］『ラーマクリシュナの福音』協会訳、二〇一四年、九八頁。
［2］『ブリハダーラニヤカ・ウパニシャド』二・三・五。
［3］『バーガヴァタム』一一・三・三一。
［4］『ラーマクリシュナの福音』協会訳、二〇一四年、五〇三頁。

［5］『バーガヴァタム』一一・二・四二。
［6］『ラーマクリシュナの福音』協会訳、二〇一四年、三五一頁。

第一五章　シュリー・ラーマクリシュナと帰依

人類の救い主

シュリー・ラーマクリシュナを賞賛する西洋の人びとは、人類のために苦しみを受けたという点で彼はキリストに等しい、と語ります。シュリー・ラーマクリシュナがこの世に生まれ、人びとの苦しみをご自分の身にお引き受けになったのは、私たちのためでした。人は自分の悪いおこないのゆえに苦しまなければなりません。しかしシュリー・ラーマクリシュナの場合、そのようなことが起こるはずがありません。なぜなら彼ご自身が「私は生涯まちがった行いはしていない」と言っておられるのですから。それなのに、過去に数多くのあやまちを犯した後、彼のもとへやって来た人びとの罪をすべて引き受けて、彼はひじょうな苦しみをお受けになりました。そのことで彼が個人的に利益をお受けになることはなにもありません。ただ、束縛された魂たち（ジーヴァ）を苦難と悲惨という束縛から解放しようとなさったのです。彼は人びとをお助けになりたかったのです。そのためには、サマーディのような至福さえ無視なさいました。生涯の最後の瞬間まで、世界を救いたいとお思いになりました。自分の肉体は母なる神の御手の中のお道具であり、その母が彼の肉体を通して世界の幸福のために働いておられるのだということを、彼は知っておられました。彼にはエゴや「私」意識がまったくありませんでした。ご自分のことを一人称で「私は……」とお話になることはありませんでした。

シュリー・ラーマクリシュナの祈り

シュリー・ラーマクリシュナは、どのようにして主に呼びかければよいかを私たちに教えるために、お生まれになりました。彼は「なんという祈り方をしているのだ！　神を求めて、いてもたってもいられないようでなくて何が成就できるか。こんなふうに神を求めて泣かなければならない！」と言い、そう言いながら小さな子供のように地面に倒れふしてころげ回り、はげしくお泣きになったのでした［1］。彼はご自分の生涯を通して、人はどんなふうに神を求めて、いてもたってもいられなくなるかを、おしめしになりました。彼に最初の霊的経験をもたらしたものは、まさにこのような強烈な神への憧れ（ビャークロータ）だったのです。彼が母なる神のヴィジョンを求めて泣いていたとき、人びとは彼のまわりに集まって、ひどい腹痛かなにかで苦しんでいるのだろうか、と心配しました。母の至福のヴィジョンを得られないということが、彼にはそれほどの苦しみだったのです。彼はなぜそのようにはげしい神への渇仰を感じられたのでしょうか。それは、人びとに、どのようにして神を求めて泣くかをしめすためだったのです。このような強烈な渇望だけが神へ至る道であることを彼は強調なさりたかったのです。はじめから、伝統的なやり方にそって霊性の修行をなさったわけではありませんでした。内部の力に突き動かされるままに、命がけで修行に熱中なさいました。教師や、助けてくれるガイドはありませんでした。この強烈な渇仰の力があったからこそ、彼はドッキネッショルではじめて母なる神のヴィジョンを得られたのでした。

神を知るためには聖典の深い知識は必要ではないことを、シュリー・ラーマクリシュナはご自身の生涯を通じておしめしになりました。ちょうど子供が母親を求めて必死に泣くように、真に霊性の道を歩む子供は母なる神を求めて泣くのです。そして母はそのような子供を放っておくことはおできにならないのです。

私たちは、この母なる神がどなたなのか理解できません。あるときには信者の姿をおとりになる彼女が、あるときには母なる神の姿をおとりになるのです。シュリー・ラーマクリシュナご自身そのようにおっしゃいました。主は私たちの間に来られ、普通の人間のようにお暮らしになり、私たちに神を求める方法をおしめしになります。しかし、人びとの間に普通に生きている人が神ご自身であることを信じるのは、たやすいことではありません。シュリー・ラーマクリシュナは「人間の形をした神に信仰を抱くことは難しい」とおっしゃいました。三キュービット（一キュービット、約五〇センチ）ほどの身長の人間の中で、宇宙の無限の神が笑い、泣き、遊び、病気に苦しみ、最後には死を受け入れるのです。どうやって私たちは、そのような人を、神ご自身と見なすことができるでしょう！

シュリー・クリシュナは、ヴァースデーヴァとデーヴァキの子供として生まれた後、獄舎にいた彼らに自分の神聖な姿をあらわした、とバーガヴァタムには書かれています。二人は、美しい宝石で飾られ荘厳な衣装をまとい、ほら貝・円盤・槌鉾《つちほこ》・蓮華《れんげ》をそなえた主を見ました〔2〕。自分たちの息子が主ご自身であることを知って、彼らは彼を礼拝し、彼の栄光をたたえました。以前主は「ヴァースデーヴァとデーヴァキは前世で偉大な苦行をしてきた」とおっしゃいました。彼らの苦行を喜ばれ、主は二人にご自分の普遍的姿をあらわして、なにか願い事をするようおっしゃいました。そのとき彼らは、子供を授かるように、そしてその子供が神ご自身と同じような性質を持ちますようにと祈りました。主は、自分と同じ性質の人間を見つけることができず、ご自身で二人のところにお生まれになりました。だから、主はプリシュニガルバとかプリシュニの息子とか、あるいはデーヴァキの前世の息子と呼ばれたのです「私の言葉が実現しないことはない。だから私はなんじらの子として、ここに来た」と神はおっしゃいました〔3〕。

全能なる主

ナーラダは主を訪問して帰る途中でした。一人の信者が彼に「神は何をしていらっしゃいましたか」とたずねました。「神は針の穴に象を通しておられた」とナーラダは答えました。それを聞いて信者は、神にとってはあらゆることが可能なのだと考えました。そのように、神にとって不可能なことはないことをしめすために、主はデーヴァキの息子としてお生まれになったのです。

暴君カンサの残虐な手からわが子を救うために、ヴァースデーヴァは氾濫するヤムナー河をわたって赤子をゴークラへ運びました。デーヴァキは前に彼女の生まれたばかりの赤子に向かって「主よ、あなたの神聖なお姿をどうぞお見せにならないでください。あなたの出現を恐れているカンサがあなたのことを知ったなら、すぐに殺してしまうでしょう」と言いました。人を幻惑する主のお力によって、母親はその子の神聖な力を忘れてしまっていたのです［4］。

信者を祝福するために主がマーヤーをとおしてお働きになるとき、私たちの目に不可能なことがすべて可能に見えます。そのような考え方ほどばかげたものはありません。霊性の修行によって神を自分の方へ引き寄せることができると思うとは、まったくひどい錯誤です。

バーガヴァタムのなかに美しい話があります［5］。母ヤショーダーは彼女のいたずらっ子クリシュナをひもでしばろうとします。しかし、ありったけのひもを持ってきても彼をしばることができません。疲れはてた母のすがたを見て、慈悲心から、とうとう主ご自身が母親に負けてくださるのです。これは私たちのおこなった修行（サーダナー）の量がどんなに多くても、神のさとりのためにはまだ不十分である、という意味です。たとえ私たちが無限に霊性の修行をおこない続けたとしても、神を私たちの理解できるレベルまでひきずりおろすには不十分でしょう。では、何のためにサーダナーをおこなうのでしょうか。

スワーミー・トゥリーヤーナンダの言葉

スワーミー・トゥリーヤーナンダは「人がサーダナーをしなければならないのは、サーダナーのエゴをとりのぞくためである」と言いました。私たちはジャパやディヤーナ（唱名と瞑想）をたくさんしようと考えます。いま実践しているので不十分なら、ジャパを一〇倍にふやそうとか、もっと長時間瞑想をしようとか考えます。しかし私たちがこれらすべてを実践した後、自分がすこしも進歩していないことに気づいたとき、霊性の修行によって神を得ようという私たちのエゴが打ちくだかれます。そんな傲慢な心が崩壊するとき、そのときこそ神が私たちのところへ降りてこられるのです。聖典（シャーストラ）にも、神ご自身のお許しがなければ神をさとることは不可能である、と述べられています。それでは私たちのサーダナーはすべて無駄なのでしょうか。スワーミー・トゥリーヤーナンダは「小鳥が長いあいだ飛び続けて羽根が疲れ、くたくたになって、もうこれ以上飛べないと感じて、どこか休む場所へ降りてくる。それと同じように、人も長いあいだ霊性の修行を続けたが、成果が見えず疲れはて、もうこれ以上できないと思って神の御足のもとに身を投げ出す時がある。祝福された魂の生涯にそのような偉大な帰依の瞬間があらわれたら、その人は完全になり、成就にいたる」と言いました。

スワーミー・トゥリーヤーナンダは、ハリと呼ばれていた青年時代、しばらくの間シュリー・ラーマクリシュナのところへ行こうとしなかったことがありました。つねに慈悲深いシュリー・ラーマクリシュナは「なぜハリは以前のようにここへ来ないのか」と若い弟子におたずねになりました。若者は「ハリはヴェーダーンタの勉強と苦行の実践に没頭していて、あなたに会いにくる暇がないのです」と答えました。その時はシュリー・ラーマクリシュナは何もおっしゃいませんでした。数日後、彼がバグバザールにあるバララム・ボシュの家に行かれたとき、そこへ会いに来るようハリにことづてをお送りになりました。ハリは近くに住んでいたのです。彼がきました。そして二階へつながる階段を上ろうとしたとき、シュリー・ラーマクリシュナが、ある劇の歌をうたっておられるのが聞こえてきました。歌の要旨は次のようなものです。

シュリー・ラーマのアシュヴァメダ犠牲供養の馬が、ラーマの息子ラヴァとクシャによって捕らえられました。彼らはラーマの軍勢と戦ってそれを打ち負かしました。ラーマ軍の第一人者であるハヌマーンはこの兄弟にしばられてシーターのところへ連れて行かれました「母上、ご覧になりましたか。われわれはこんなに大きなサルを捕らえました」と誇らしげに言う兄弟。これは、それにこたえてハヌマーンがうたった歌です。

おお、クシャとラヴァよ！

そのようにおごってはならぬ。
もし私が許さなかったなら
私を捕らえることができたであろうか。

シュリー・ラーマクリシュナはこの歌を繰り返しお歌いになり、目からは涙が滝のように流れていました。椅子も足もとのじゅうたんも涙でびしょぬれになっていました[6]。ハリの内なる若きヴェーダーンティストも感情をおさえることができませんでした。シュリー・ラーマクリシュナが帰依の真理を自分に理解させるために、この歌を特別に歌ってくださっているのだということが、彼にもよくわかったのです。

主ご自身がシュリー・ラーマクリシュナという姿をとってそこにおられたのです。それなのにハリは彼のところへ行かないで、自分のサーダナーの力だけで神や真理をさとろうと思っていたのです。熱心な苦行だけでは神をさとることはできないということを、シュリー・ラーマクリシュナは一撃で明らかにされたのでした。神がお慈悲をもってある人に恩寵をお与えになったとき、その魂だけが神をさとることができるのです「主がお選びになった者が、主によって主に到達する[7]」神はいつ誰に恩寵を下すべきかをご存じです。いったいだれが自分の努力だけで神の恩寵にあたいする者になれるでしょう!

私たちは霊性の修行だけで神に到達することはできません。しかしそれでもそのような修行は必要です。だからこそハリ・マハラージは「われわれは自分のサーダナーによるエゴを除去するためにサーダナーをするのだ」と言っているのです。シュリー・ラーマクリシュナの直弟子の中でも、ハリ・マハラージは霊性の修行をひじょうに長い間実践され、その熱心さにおいて、もっともひいでておられたということを忘れてはなりません。そのハリ・マハラージが「神の恩寵によって、主が自らご自身をおあらわしになるのでなければ、だれも神をさとることなどできない、ということをシュリー・ラーマクリシュナは私に教えてくださった」と言っているのです。この思想は「ラーマクリシュナの福音」に、何回もくり返し出てきます。慢心を捨て、神のしもべ中のしもべとして、蓮華《れんげ》の御足に帰依するとき、そのときはじめて、人は神のお慈悲を受けるでしょう。「ラーマクリシュナの福音」のなかでシュリー・ラーマクリシュナは「私ではない、私ではない。あなたです、あなたです」とくり返し言っておられます［8］。私たちをこの肉体にしばりつけているのは、この私だけなのです。甘露の大海が眼前に広がっているのに、私たちはノドがかわいて死にそうです。もし私たちのすすむ道からエゴが消えるなら、それは神の恩寵によってのみ起こり得ることですが、そのときはじめて彼のお慈悲が感じられるのです。だからこそ主は「すべてを私にまかせて帰依せよ、私に帰依せよ」と繰り返しおっしゃるのです。このエゴとうぬぼれは、私たちがすべてを神にまかせきってしまうまでは、けっしてなくなりません。

シュリー・ラーマクリシュナがM（「ラーマクリシュナの福音」の著者）に「私のなかにエゴはあるか」とおたずねになりました。Mは何と答えてよいかわからず「はい、あなたは世間の人びとに善をなすために、ほんの少しエゴをお持ちです」と言いました。シュリー・ラーマクリシュナはそれを即座に訂正されて「いや、それを維持しているのは私ではない。母なる神ご自身がそれを私のなかに残しておかれたのだ［9］」とおっしゃいました。シュリー・ラーマクリシュナのなかには母なる神以外なにもなかったのです。

エゴの限界

私たちにとってシュリー・ラーマクリシュナとはいかなる存在でしょうか。それは肉体でしょうか、それともその内側にある実在でしょうか。肉体はがくぶちにすぎません。無限のお姿は、普通の者には見えないように隠されています。もし私たちが主の無限のお姿を見たら、まごついてしまうことでしょう。アルジュナはクリシュナから宇宙の姿（ヴィシャルーパ）を見せられました。偉大な勇者であるアルジュナでさえ恐怖におののき、そのまばゆい光輝に耐えることができずに、そのヴィシャルーパをひっこめてくださるよう、クリシュナにたのみました。その偉大な姿は次のようにあらわされています。「もしも千の太陽の光がいっせいに天空にあらわれたとしたら、それはこの偉大な姿の壮麗さにいくらかは比べられるかもしれない［10］」彼は比類なきものです。それゆえこの宇宙に彼にくらべられるものは何もありません。普通の人間が、至高の神の不滅の姿を目の当たりにして、それに耐えることは不可能です。

この無限の存在にくらべ、私たちの有限の自己は何と小さいことでしょう。その私が、自分は肉体である、聖者である、罪人である、ヨーギーである、あるいは凡人であるなどと感じるのです。それは、無限の存在にくらべれば、ほんとうにとるに足りない小さな存在です。その無限の存在が、こんなに小さくなって、すべての被造物のハートのなかで遊んでおられるのです。彼がご自身の性質を隠して、あらゆる被造物のなかに、ご自分を限定しておられるのです。彼はジーヴァにもイーシュワラにもなっておられます。私たちは自分の心を通して彼に到達することはできません。シュリー・ラーマクリシュナは「小さなカップに大海を入れることができるだろうか」とおっしゃいました。私たちがこの小さな心で主をつかまえ、彼を理解しようとすることほどこっけいなことはないでしょう。どんなに彼を理解しようとしても、無限の存在は無限のままです。私たちにわかるのは自分たちが限界のある存在であるということ。それだけです。私たちが自分の限界と無力さに気づいたとき、私たちは主のあわれみを乞うて祈り「御心《みこころ》のままにならせたまえ」と言うでしょう。それがシャラナーガティつまり完全なる帰依なのです。

帰依の意味

シャラナーガティとは、私たちの心の内の一切のうぬぼれを捨て、完全に神にゆだね、自分を任せきる境地です。そのとき、私たちの内には、ひとかけらのうぬぼれも残っていてはいけません。もし私たちがすべてのうぬぼれやプライドを放棄して神に心から任せることができたら、そのとき私たちの有限の心は彼の恩寵を感じ、彼の無限性に溶けこむでしょう。

ウパニシャドに述べられているように「もし一滴の清らかな水が、清らかな水をたたえた池に落ちたら、その一滴はなくなるか。いや、その一滴は大きな水のひろがりのなかの一つになる。まさにそのようにアートマンを知る者は無限の存在とひとつになる〔11〕」有限の自己と無限の自己は究極においては同じものです。シュリー・ラーマクリシュナがおっしゃっているように、枕はいろいろな形をしているが、中身は同じ綿なのです。

あの人は病気だ、死んだ、喜んでいる、悲しんでいる、などと私たちが言っている人、その人とはほんとうはいったい誰でしょうか。彼もまた同じ主であって他の何者でもありません。ギーターには「動くものでも動かないものでも、私なしで存在するものはない〔12〕」と述べられています。またバーガヴァタムには「おお主よ！　あなたには限界がないのですから、あなたにとっては内も外もありません〔13〕」と書かれています。

信者たちはそのことを「神はまぎれもなく全知全能です。けれど彼は私たちを御領地から追い出すことがおできになるでしょうか。いいえ、できません。あらゆるところにあまねく遍在しておられるのは彼なのですから。いちど私たちがそのことを知ってしまったら、私たちの有限性はもはや存在しなくなるでしょう。すべてはひとつになるでしょう。神のお遊びのために彼はさまざまなものになってあらわれ、ご自身を分身していらっしゃるのです。ですから、神にお任せすることが私たちに与えられた唯一の道なのです」と愛情をこめて言います。

バーガヴァタムに美しい物語があります。あるとき、ブラフマ神がシュリー・クリシュナと牛飼いの少年たちが遊んでいる間に、クリシュナの神性をテストしようと思って子牛をうばいました。クリシュナは子牛がいないことに気づき、探しに出かけました。子牛を見つけられずに帰ってきたとき、彼は牛飼いの少年たちも消えたことに気づき、心配なさいました。人間として遊んでいたためにシュリー・クリシュナは、いわば惑わされた状態になっておられたのです。しかしすぐにブラフマ神のゲームであると気づいて、彼がみずから子牛と牛飼いの少年たちになられました。ブラフマ神は一瞬の後（それは人間の世界では一年にあたります）そこに行って、牛飼いたちと子牛の遊びがいつものように続いているのを見ました。彼はおどろいて「私は子牛と牛飼いの少年たちを眠らせてきた。どうやって彼らはここへもどってきたのだろう。今ここにいるものたちが本物なのか、それとも前に自分が盗んで眠らせておいたものが本物なのか」と迷いました。その後、ブラフマ神はすべてを理解しました。主ご自身が牛飼いたちと子牛の両方になっておられたということに気づいたのです。彼はこのすべてを見てぼうぜんとし、自分の乗り物である白鳥からおりて、心からの謙譲をもってシュリー・クリシュナの足もとにひれ伏しました[14]。

神の栄光はそれほどのすばらしいものなのです。それを説明するために、バーガヴァタムは他ならぬブラフマ神がどれほど困惑したかを語っています。もし私たちが神を試そうとしたら、私たちの運命はどうなることでしょう！　私たちに残された唯一最高の道は、神にすべてをゆだねて任せきることとなのです。


［1］Swami Gambhirananda, Sri Ramakrishna Bhaktamalika (Begali) (Calcutta: Udbodhan Office, 1359 BS) Vol.2, p.36.

［2］『バーガヴァタム』一〇・三・九。

［3］同、一〇・三・四三。

［4］同、一〇・三・二九～三〇。

［5］同、一〇・九・一三～一八。

［6］『ラーマクリシュナの生涯上巻』協会訳、一九九九年、四五七頁。

［7］『カタ・ウパニシャド』यमेवैष वृणुते तेन लभ्यः।

［8］『ラーマクリシュナの福音』協会訳、二〇一四年、三六八、四三九頁他。

［9］同、五〇二頁。

〔10〕『バガヴァッド・ギーター』一一・一二。
〔11〕『カタ・ウパニシャド』二・一・一五。
〔12〕『バガヴァッド・ギーター』一〇・三九。
〔13〕『バーガヴァタム』一〇・三・一七。
〔14〕同、一〇・一三。

霊性の光

2018年3月18日 初版第1刷発行
発行者　日本ヴェーダーンタ協会会長
発行所　日本ヴェーダーンタ協会
249-0001 神奈川県逗子市久木 4-18-1
電 話　046-873-0428
E-mail　info@vedanta.jp
Website　vedanta.jp
FAX　046-873-0592
Twitter　@vedanta_jp

印刷所　モリモト印刷株式会社

ISBN978-4-931148-65-9
Printed in Japan

よる日本での講話。霊性の修行に関する深遠、そして実践的な講話集。
インド賢者物語　価格 900 円（B5 判、72 頁、2 色刷り）スワーミー•ヴィヴェーカーナンダ伝記絵本。

C　D

シュリー・ラーマクリシュナ・アラティ　価格 2000 円（約 60 分）毎日ラーマクリシュナ・ミッションで夕拝に歌われているもの、他に朗唱等を含む。

シヴァ － バジャン（シヴァのマントラと賛歌　価格 2000 円（約 75 分）　シヴァに捧げるマントラと賛歌が甘美な声で歌われ、静寂と平安をもたらす。

こころに咲く花　～ やすらぎの信仰歌 ～　価格 1500 円（約 46 分）　日本語賛歌 CD です。主に神とインドの預言者の歌で神を信じる誰もが楽しめる内容。

ラヴィ•シャンカール、シタール　価格1900円 世界的な演奏家によるシタール演奏。瞑想などのBGMに。

ハリ•プラサード、フルート　価格1900円 インド著名な演奏家によるフルート演奏。瞑想などのBGMに。

ディッヴャ・ギーティ（神聖な歌）Vol. 1 ～ 3　各価格 2000 円（約 60 分）聞く人のハートに慰めと純粋な喜びをもたらし、神への歓喜を呼び覚ます歌です。

ディヤーナム（瞑想）　価格 2000 円（77:50 分）信仰の道（バクティ・ヨーガ）、識別の道（ギャーナ・ヨーガ）の瞑想方法を収録。

普遍の祈りと賛歌　価格 2000 円（44:58 分）サンスクリット語の朗誦と賛歌によるヴェーダ•マントラ。

シュリマッド•バガヴァッド•ギーター（3 枚組）価格 5000 円（75:27、67:17、68:00 分）サンスクリット語。インドの聖なる英知と至高の知恵の朗誦、全 18 章完全収録。

シュリマッド・バガヴァッド・ギーター選集　価格 2200 円（79:06 分）上記のギーター 3 枚組より抜粋し、1 枚にまとめた CD。

電子書籍（現在アマゾンのみの販売）

書籍（キンドル版）の QR コード。最新のものからすべて見ることができます。
https://goo.gl/haJxdc

雑誌（同版）、最近の雑誌を一冊ごとにキンドル化。
https://goo.gl/rFHLnX

雑誌合本総合（同版）、年ごとの合本（〔初期は 12 冊〕。1964年よりスタート。
https://goo.gl/AgQAs2

書籍・雑誌総合（キンドル版）。両方の最新のものからすべて見ることができます。
https://goo.gl/HbVHR2

※電子書籍は随時発行中。
※その他　線香、写真、数珠などあります。サイト閲覧又はカタログをご請求ください。
※価格•内容は、予告なく変更の可能性があります。ショップサイトで最新の情報をご確認ください。

会　員

・協会会員には、雑誌講読を主とする準会員（1年間４０００円、3年間１１０００円、5年間１７０００円）と協会の維持を助けてくれる正会員（1年間１５０００円またはそれ以上）があります。正・準会員には年 6 回、奇数月発行の会誌「不滅の言葉」と、催し物のご案内をお送り致します。また協会の物品購入に関して準会員は１５％引き、正会員２５％引きとなります。（協会直販のみ）（会員の会費には税はつきません）
・https://vedantajp.com/ 会員 / からも申込できます。

ラーマクリシュナの福音要約版 上巻　価格1000円（文庫判、304頁）「ラーマクリシュナの福音」の全訳からの主要部分をまとめた要約版上巻。
ラーマクリシュナの福音要約版 下巻　定価1000円（文庫判、400頁）
「ラーマクリシュナの福音」の全訳からの主要部分をまとめた要約版下巻。
わが師 1000円(B6判,246頁)スワーミージー講演集。「わが師（スワーミーが彼の師ラーマクリシュナを語る)」、「シカゴ講演集」、「インドの賢者たち」その他を含む。
ヒンドゥイズム 1000円(B6判,266頁)ヒンドゥの信仰と哲学の根本原理を分かりやすく解説した一般教養書。
霊性の師たちの生涯 1000円(B6判、301頁)ラーマクリシュナ、サーラダー•デーヴィーおよびスワーミー・ヴィヴェーカーナンダの伝記。
神を求めて 800円(B6判、263頁)　ラーマクリシュナの高弟、禁欲と瞑想の聖者スワーミー・トゥリャーナンダの生涯。
スワーミー・ヴィヴェーカーナンダと日本　価格1000円（B6判、152頁）スワーミーと日本との関連性をまとめた。スワーミー・メーダサーナンダ著。
インスパイアリング•メッセージVol.1　価格900円（文庫版変形,152頁）世界の偉大な預言者のメッセージを集めた小冊子です。
インスパイアリング•メッセージVol.2　価格900円（文庫版変形,136頁）世界の偉大な預言者のメッセージを集めた小冊子の第2弾です。
はじめてのヴェーダーンタ　価格1000円（B6判、144頁）はじめてインド思想のヴェーダーンタに触れる方々のために書かれたもの。
真実の愛と勇気（ラーマクリシュナの弟子たちの足跡）価格1900円（B6判、424頁）出家した弟子16人の伝記と教えが収められている。
シュリーマッド・バーガヴァタム価格1600円（B6判、304頁）神人シュリー・クリシュナや多くの聖者、信者、王の生涯の貴重な霊性の教えが語られている。
ラーマクリシュナの生涯（上巻)価格4900円（A5判、772頁）伝記。その希有の霊的修行と結果を忠実に、かつ詳細に記録。
ラーマクリシュナの生涯（下巻)現在品切中、(A5判、608頁)伝記の決定版の下巻。
バガヴァッド・ギーター　価格1400円（B6変形、220頁、ハードカバー）ローマ字とカタカナに転写したサンスクリット原典とその日本語訳。
抜粋ラーマクリシュナの福音　価格1500円（B6判、436頁）1907年、「福音」の著者みずからが、その要所をぬき出して英訳、出版した。改訂2版。
最高をめざして　価格1000円(B6判,244頁)ラーマクリシュナ僧団•奉仕団の第6代の長、スワーミー•ヴィラジャーナンダが出家・在家両方の弟子たちのために説いた最高の目標に達するための教え。
カルマ•ヨーガ　価格1000円(新書判,214頁)ヴィヴェーカーナンダ講話集。無執着で働くことによって自己放棄を得る方法を説く。
バクティ・ヨーガ　価格1000円（新書判、192頁）同上。人格神信仰の論理的根拠、実践の方法及びその究極の境地を説く。
ギャーナ・ヨーガ　価格1400円（新書判、352頁）同上。哲学的思索により実在と非実在を識別し、真理に到達する方法を説く。
ラージャ•ヨーガ　価格1000円（新書判,242頁）同上。精神集中等によって,真理に至る方法を説く。
シカゴ講話集　価格500円(文庫判,64頁)シカゴで行われた世界宗教会議でのスワーミー•ヴィヴェーカーナンダの全講演。
ラーマクリシュナ僧団の三位一体と理想と活動　価格900円（B6判、128頁）僧団の歴史と活動および日本ヴェーダーンタ協会の歴史がわかりやすく解説されている。
霊性の修行　価格900円（B6判、168頁）第12代僧院長スワーミー・ブーテーシャーナンダジーに